中国软科学研究丛书
丛书主编：张来武

“十一五”国家重点图书出版规划项目
国家软科学研究计划资助出版项目

归国留学人员的高技术创业

王文岩 季学猷 杜根旺 张 微 等 著

科学出版社
北京

内 容 简 介

本书在回顾我国归国留学人员高技术创业历程与分析我国归国留学人员高技术创业影响因素的基础上，对部分国家和地区鼓励海外留学人员回归创业的做法与经验进行了总结，对我国支持归国留学人员高技术创业的政策措施进行了梳理，希望对我国归国留学人员的创新创业有所帮助。

本书可供海外留学人员，留学人员创业园、高新技术园区、科教主管部门工作人员，以及对归国留学人员高技术创业感兴趣的读者阅读。

图书在版编目(CIP)数据

归国留学人员的高技术创业/王文岩等著．—北京：科学出版社，2013
(中国软科学研究丛书)
ISBN 978-7-03-038523-9

Ⅰ．①归… Ⅱ．①王… Ⅲ．①高技术产业-企业管理-中国
Ⅳ．①F279.244.4

中国版本图书馆 CIP 数据核字（2013）第 207846 号

丛书策划：林 鹏 胡升华 侯俊琳
责任编辑：侯俊琳 李 䒕 程 凤／责任校对：宣 慧
责任印制：徐晓晨／封面设计：黄华斌 陈 敬
编辑部电话：010-64035853
E-mail：houjunlin@mail.sciencep.com

科学出版社出版
北京东黄城根北街 16 号
邮政编码：100717
http://www.sciencep.com
北京华宇信诺印刷有限公司印刷
科学出版社发行 各地新华书店经销
*
2013 年 10 月第 一 版 开本：B5（720×1000）
2019 年 1 月第三次印刷 印张：12 1/4
字数：246 000
定价：118.00 元
（如有印装质量问题，我社负责调换）

"中国软科学研究丛书"编委会

总序　PREFACE

软科学是综合运用现代各学科理论、方法，研究政治、经济、科技及社会发展中的各种复杂问题，为决策科学化、民主化服务的科学。软科学研究是以实现决策科学化和管理现代化为宗旨，以推动经济、科技、社会的持续协调发展为目标，针对决策和管理实践中提出的复杂性、系统性课题，综合运用自然科学、社会科学和工程技术的多门类多学科知识，运用定性和定量相结合的系统分析和论证手段，进行的一种跨学科、多层次的科研活动。

1986 年 7 月，全国软科学研究工作座谈会首次在北京召开，开启了我国软科学勃兴的动力阀门。从此，中国软科学积极参与到改革开放和现代化建设的大潮之中。为加强对软科学研究的指导，国家于 1988 年和 1994 年分别成立国家软科学指导委员会和中国软科学研究会。随后，国家软科学研究计划正式启动，对软科学事业的稳定发展发挥了重要的作用。

20 多年来，我国软科学事业发展紧紧围绕重大决策问题，开展了多学科、多领域、多层次的研究工作，取得了一大批优秀成果。京九铁路、三峡工程、南水北调、青藏铁路乃至国家中长期科学和技术发展规划战略研究，软科学都功不可没。从总体上看，我国软科学研究已经进入各级政府的决策中，成为决策和政策制定的重要依据，发挥了战略性、前瞻性的作用，为解决经济社会发展的重大决策问题作出了重要贡献，为科学把握宏观形势、明确发展战略方向发挥了重要作用。

20多年来，我国软科学事业凝聚优秀人才，形成了一支具有一定实力、知识结构较为合理、学科体系比较完整的优秀研究队伍。据不完全统计，目前我国已有软科学研究机构2000多家，研究人员近4万人，每年开展软科学研究项目1万多项。

为了进一步发挥国家软科学研究计划在我国软科学事业发展中的导向作用，促进软科学研究成果的推广应用，科学技术部决定从2007年起，在国家软科学研究计划框架下启动软科学优秀研究成果出版资助工作，形成“中国软科学研究丛书”。

“中国软科学研究丛书”因其良好的学术价值和社会价值，已被列入国家新闻出版总署“‘十一五’国家重点图书出版规划项目”。我希望并相信，丛书出版对于软科学研究优秀成果的推广应用将起到很大的推动作用，对于提升软科学研究的社会影响力、促进软科学事业的蓬勃发展意义重大。

科技部副部长

2008年12月

前言 FOREWORD

“以西方之学术，灌输于中国，使中国日趋于文明富强之境。”从1847年容闳赴美留学开始，中国青年学子赴海外留学已有160多年的历史。1847～1978年的100多年里，我国出国留学人员总共有14万人。[①]

1978年后，中国人出国留学进入新的历史时期，改革开放催生了我国的出国留学大潮，成千上万的学子怀揣着学习知识和开阔视野的梦想，踏上了出国深造之路，中国掀起了近现代以来最大规模的出国留学热潮。

1978～2010年的30多年里，我国出国留学人员总数达180多万人。截至2009年年底，以留学身份出国的人员有112.34万人，其中82.29万人正在国外进行专科、本科、硕士、博士等阶段的学习，以及从事博士后研究或学术访问。[②]中国已成为世界上出国留学人员最多的国家之一。

中国素有海外留学人员归来报效的传统，近现代史上就有许多海外游子学成归来报效祖国，不仅涌现出孙中山、黄兴、陈独秀、李大钊、周恩来、邓小平等彪炳史册的政治家与思想家，还造就了詹天佑、茅以升、钱学森、钱三强、钱伟长等一批功勋卓著的科学家。这些归国留学人员不仅影响了20世纪中国的历史轨迹，而且还深度参与了中国经济建设与社会发展进程，为开启民智、传播科学、推动社会进步和国家发展作出了巨大的贡献。

随着出国留学人员规模的不断扩大，我国归国留学人员的人数也迅速攀升。数据显示，从改革开放之初到2010年年底，我国归国留学人员总

---

① 李玉新．30年来我国出国留学生总数已达到136万人．http：//www.bj.xinhuanet.com/bjpd_sdzx/2009-01/03/content_15347798.htm [2011-02-20].

② 朱峰．2009年度中国出国留学人员总数达22.93万．http：//www.chinanews.com/lxsh/news/2010/03-12/2166360.shtml [2011-02-20].

数已达63.22万人，其中“十一五”期间归国留学人员数量急速攀升，累计回国39.93万人，比“十五”期间增长近3倍，新一轮留学人员归国热潮已经形成。[①]从越来越多海外留学人员选择回国发展的趋势可以看出，随着我国综合国力的提高，无论是出于报效祖国的初衷还是实现自我价值的需要，学成回国已成为大多数海外留学人员的共同选择。

归国留学人员在我国的社会制度、民主政治、经济建设、科技发展等方面发挥着积极的作用。一批批学有所成的留学人员回国工作，成为我国科教文卫等各条战线的骨干力量和学术、技术带头人。截至2008年年底，约80%的教育部直属大学校长、81%的两院院士、95%的长江学者、约80%的国家高技术研究发展计划（“863”计划）首席科学家都有出国留学的经历。[②]作为我国科研教学的重要支撑力量，归国留学人员对提升我国科技水平、推动我国技术进步发挥着重要的作用。

与此同时，归国留学人员还广泛参与中国经济社会建设，积极投身市场经济大潮，在高技术创业方面表现尤为突出。中国归国留学人员的创业活动始于20世纪80年代，20世纪90年代中后期形成热潮并持续至今。与传统华侨回国多投资于劳动密集型产业或低端制造业不同，归国留学人员主要在电子、信息、通信、生物、新能源、新材料和先进制造等高技术领域开展创业活动，成为我国提升创新能力、推进产业发展的重要力量。

在回国创业逐渐成为海外留学人员展现自我、报效祖国、服务经济社会发展的重要方式的今天，支持广大留学人员回国创业对吸纳发达国家先进技术与理念、提高我国自主创新能力、加快创新型国家建设、推动我国现代化建设事业发展具有重要的现实意义。

本书以归国留学人员高技术创业为研究对象，在回顾我国归国留学人员高技术创业历程与分析我国归国留学人员高技术创业影响因素的基础上，对部分国家和地区鼓励留学人员回归创业的做法与经验进行了总结，对我国支持归国

---

① 赵超．中国留学回国人员总数达63.22万人．http：//www.chinacourt.org/article/detail/2011/08/id/461735.shtml［2011-08-23］.

② 荆克．两院院士80%是海归，30年37万留学生学成后回国．http：//news.xinhuanet.com/edu/2009-01/04/content_10600822.htm［2011-02-10］.

留学人员高技术创业的政策措施进行了梳理，希望对海外留学人员、相关部门的工作人员及对归国留学人员高技术创业感兴趣的读者有所帮助。

最后，要感谢杜根旺、季学猷、张微、郑莉、谢爱华、周苏等，他们参与本书的编撰，付出了辛勤的汗水。由于时间和水平有限，书中难免存在疏漏之处，请各位专家读者不吝赐教。

王文岩

2011 年 12 月

目 录 CONTENTS

政　策　篇

历程篇

我国归国留学人员不仅在科研教学领域成就卓著，在经济社会各个领域也发挥着重要的作用。

从20世纪80年代起，一些学有所成的海外留学人员回国后投身市场，自行创办企业或合作创办企业，成为市场经济大潮的弄潮儿。尽管早期归国留学人员的创业过程有着诸多坎坷，但亦有一部分归国留学人员取得了成功，如在业界有着相当影响力的北京亚都科技股份有限公司、杭州奥普电器有限公司、浙江浙大中控信息技术有限公司等，都是归国留学人员在这一时期创立的高技术公司。

到了20世纪90年代，归国留学人员高技术创业活动越来越多，特别是20世纪90年代中后期，中国互联网发展风云际会。国际差距昭示着创业空间，大国崛起充满了发展机会，许多满怀创业激情的留学人员在国际比较中发现了创业机会，选择了回国发展。他们有的带回互联网、通信领域的第一手资料，有的带回国外已开展的项目，有的带回专利技术，有的带回资本，有的带回理念，创立了搜狐网、百度网、UT斯达康等多家知名企业，开启了中国的IT时代，掀起了海外学子归国创业的热潮。

进入21世纪以来，归国留学人员创业人数迅速增加，留学人员创办企业数目持续增长，归国留学人员高技术创业十分活跃。在中国迅速崛起、经济快速增长的背景下，归国留学人员所创办企业在市场化、国际化道路上成果丰硕，许多归国留学人员创办的企业得到了持续发展，近百家归国留学人员创办企业在境内外成功上市，涌现出张朝阳、李彦宏、施正荣、蒲忠杰等一大批知识英雄与财富英雄。

作为我国最富创业激情、最具创新活力的群体之一，作为推进我国高技术发展的重要力量，归国留学人员的高技术创业历程值得关注与研究。本篇从20世纪80年代开始，回顾与追溯改革开放30多年来中国归国留学人员的高技术创业。

第一章 改革开放初期归国留学人员的高技术创业

1979 年年初，随着中美关于中美互派留学生协议的签署，中国公费出国留学工作重新启动，自费留学的大门也随之大开。

20 世纪 80 年代初，我国出国人员以公费留学为主，自费留学人员相对较少。但是随着国家政策的放宽和人们观念的变化，到了 20 世纪 80 年代中后期，我国自费留学人员人数迅速上升，出国留学一时成为时尚。

20 世纪 80 年代中后期，一些改革开放后即踏出国门的海外学子陆续归国。这一时期的归国留学人员多为20 世纪80 年代前后出国的公费留学人员。他们主要就职于国家机关和国有企事业单位，大部分回国后在高校和科研院所工作，许多人成为科研教学骨干，不少人成长为我国高校和科研机构的主要领导。这一时期的归国留学人员在我国科技、教育、文化、卫生领域建树颇丰，涌现出了大量领军人物，其中徐冠华、陈竺、李国杰、陈章良等人更是影响中国科学教育发展历程的重要人物。

此时，中国的社会结构也发生了巨大的变化。改革开放打破了发展桎梏，制度变迁焕发出巨大活力，商品经济浪潮开始涌动。一方面，社会上出现了“全民经商热”，私营经济得以迅速发展，很多依靠练摊起家的个体户成了“万元户”，成为当时最先富起来的一批人。“十亿人民九亿倒，还有一亿在寻找”，寻求商机、赚钱发财成为当时许多人生活的重要追求。另一方面，社会上也出现了大量“拿手术刀的不如拿剃头刀的，造原子弹的不如卖茶叶蛋的”等脑体倒挂现象。例如，由于当时高校待遇较低，有的教师给养鸡场、养殖户当顾问，有的教师加入每晚卖茶叶蛋、摆烟摊、蹬三轮车到火车站拉脚的队伍当中，还有些教师索性义无反顾地离开了高校。资料显示，在“全民下海”热情最高的 1988 年，北京地区计划招收 89 级研究生 8600 名，但报名人数不足 6000 名，招生人数与报名人数出现倒挂现象。这一年成为应届毕业生报考研究生比例最低的一年。此时毕业生的就业首选不是政府机关，更不是科研院所和大专院校，而是外贸公司、商检部门、海关。[①] 在全民经商的大背景下，许多待遇相对较高的官员也选择了在市场经济大潮中弄潮，王文京从国务院机关事务管理局辞职创建用友软件，潘石屹从石油部辞职赴海南炒房地产……下海、停薪留职、闯海南成为流行词汇，一时间，中国社会迎来了“全民下海潮”。“全民经商热”、“全民下海潮”背景下的脑体倒挂现象令社会各界感到困惑和不安，“知识无用论”和“知识贬值论”一时间甚嚣尘上，甚至也影响到当时一些归国留学人员的人生选择，何鲁敏就是其中的一员。

1985 年，毕业于清华大学的何鲁敏赴日本理研钢机株式会社做访问学者。进修期间，他的日本老板对他说：“现在的中国和第二次世界大战后的日本非常相像——政策多变，经济秩序不健全，到处都隐藏风险，但是这种环境也蕴涵着许多发展机会。今天像这样的地方只有中国和印度了。”何鲁敏深受触动，在日本工作学习期间就留心观察日本社会，进行技术资料与产品资料的收集。1987 年，何鲁敏谢绝了日本方面的高薪挽留，带着 9 箱技术资料回到中国。本可以进入国家科技部门从事技术研发工作的何鲁敏经过反复思考后决定自行创业。他回忆当时的选择时说：“一个纯粹的技术人员办企业，也纯粹是偶然，那个时候办企业是有点赌气成分在里面的，因为我念这么多年的书，一个月只挣 62 块钱，还不如门口卖茶叶蛋的老太太。”在人均 GDP 才 290 美元的 20 多年前，因为看不惯“造原子弹的不如卖茶叶蛋的”，何鲁敏辞去公职与其他几位朋友一起，以 25％的年息贷来 5 万元资金创办了北京亚都公司建筑设备制品研究所（后更名为“北京亚都科技股份有限公司”（简称亚都），进行民用加湿器的生产。民用加湿器在当时的中国是一个全新产品，过惯了干燥生活的老百姓一时难以接受。何鲁敏调动了所有的销售力量，率先让北京的使馆区使用上了亚都加湿器。随着高档工作区与生活区越来越多地使用亚都加湿器，加湿器渐渐成为当时时尚生活方式的象征，普通家庭也逐步接受了亚都加湿器。[②]

在何鲁敏的不懈推动下，加湿器很快发展成一个新的家电行业门类。凭借先发优势与品牌效应，亚都加湿器迅速成长为行业龙头，为何鲁敏成功掘得第一桶金。随后，亚都走上多元化发展的扩张之路，先后进入房地产、餐饮、保健品、空调等行业。但亚都的多元化发展之路并不顺利，投资失误、管理漏洞

---

① 井洋．2008-03-31．“博士摆烟摊”现象折射二十年前三大病症．黑龙江日报，第 11 版．

② 张小平．2004．加湿器老 K 何鲁敏差点折腾死．英才，(04)：60-62．

与分配矛盾不断显现，加之上市计划落空，这使得亚都官司缠身，一度陷入破产困境，后来在政府的帮助下才渡过难关。在经历了投资失误、微软诉讼、债主逼债等一系列事件之后，亚都放弃了多元化扩张战略，专注于空气产业的研发、制造和销售，并借奥运契机发展成年销售额数亿元的国内空气产业领军企业。何鲁敏在空气加湿器和净化器领域以执著和专业的精神称霸于市场，他本人也被誉为“中国空气产业之父”，成为20世纪80年代中后期归国留学人员高技术创业中的代表性人物。

尽管从20世纪80年代中后期开始，一些较早出国的留学人员已尝试着归国创办企业，个别地区也出现了归国留学人员的零星创业现象。但总体来说，当时归国留学人员创业活动相对较少，像何鲁敏这样进行高技术创业的留学人员并不太多。

此时，知识与信息的产业价值并未得到充分重视，社会上围绕海外留学人员的讨论主要集中在出国留学是否存在“人才流失”的问题上，较少有人关注归国留学人员在科研教学以外的价值，国内的高技术创业也主要集中在“中关村电子一条街”等地区的民间商贸活动中。事实上，早在20世纪80年代初，在中国科学院、清华大学、北京大学附近悄然发展起的“中关村电子一条街”，很快就成为当时中国最大的电子产品集散地。这里活跃着成千上万个从事高技术产品交易的创业者与工作者，每天充斥着难以计数的交易，每天诞生着各种各样的公司。联想、四通等公司就成长于那个时代。

到了1988年，我国政府越来越重视高科技产业的发展，依托“中关村电子一条街”设立了北京新技术产业开发试验区（即“中关村科技园”的前身）。作为我国第一个国家级高新技术产业开发区，北京新技术产业开发试验区从基础设施、财政与税收、信贷与保险、进口与外贸管理、劳动人事等多个方面给高技术企业以支持和便利，成为首都经济圈重要的高新技术产业基地。之后，我国又陆续批准了一批国家高新技术产业开发区，地方政府也设立了许多地方高新技术产业基地，这些都为高技术企业的发展提供了良好的政策环境，极大地调动了社会各界人士从事高技术创业的积极性。

与此同时，一些地方政府率先认识到留学人员对高新技术产业发展与区域经济发展的作用，开始主动采取政策措施吸引留学人员为本地效力。1988年，深圳在全国率先颁布了《深圳市人民政府关于鼓励出国留学生来深圳工作的规定》，规定了来深圳工作的留学人员享有“来去自由、选择工作、购买住房、户口迁入”等优惠政策，拉开了深圳在引进留学人员政策上屡出创举的序幕。随后，各地政府纷纷跟进，出台了多项为留学人员回国提供便利、鼓励归国留学人员效力本地的政策措施。

进入20世纪90年代，海外留学人员的回归问题得到了国家越来越多的重视。1992年1月，邓小平同志视察南方时表示：“希望所有出国学习的人回来。不管他们过去的政治态度怎么样，都可以回来，回来后妥善安排。这个政策不能变。告诉他们，要做出贡献，还是回国好。”① 此后，无论中央还是地方，都向海外留学人员伸出了欢迎之手。同年10月，中共第十四次全国代表大会召开，确立了建立社会主义市场经济体制的目标，自此，改革开放进入了全新的阶段。

随着以“经济建设”为中心战略方针的实施，我国逐步确立了市场经济的主体地位，企业成为经济发展的主体力量。这一时期，国民生活水平大幅提高，经济环境迅速改善，出国留学人员不仅在数量上呈井喷之势，而且在专业结构上日趋多样化，除了传统的理工学科外，亦开始涉及经济、金融、管理、财务等社会科学领域。在中国经济持续发展和国民生活水平持续提高的背景下，很多出国留学人员在海外学习工作一段时间后选择回国工作。

此时的归国留学人员大多来到高校和科研机构从事教学科研工作，成为生命科学、电子信息、机电材料、物理化学、农林科学等领域的科研教学骨干。与此同时，也有不少留学人员回国后即投身经济建设大潮中，有的成为跨国企业的职业经理人，有的从事国际贸易，有的从事商务咨询，还有一些归国留学人员在积累了一定的专业知识与工作经验后踏上了高技术创业之旅。

1993年，留学澳大利亚的方杰即将踏上回国旅程。早在留学期间，方杰就意识到，学文科的留学人员回国后除了在大学教书外，几乎没有别的出路，因此在澳大利亚学习期间他就积极为归国创业作准备，规划与开发适合国内发展的产品。方杰认为，做生意的人情商一定要高，要做那些理念在先的生意人，做人家做过的事肯定赚不了大钱，而做别人没有做过的事才能赚钱，所以创业就要做与民生相关的产品，并将创业目标锁定在当时一些中国老百姓梦想拥有的卫浴间上。回国后，方杰和他的堂兄方胜康成立了杭州奥普电器有限公司（简称奥普电器），将集取暖、照明、换气三功能为一体的浴室多功能取暖器引

① 邓小平. 1993. 邓小平文选. 北京：人民出版社.

进中国，取名为“奥普浴霸”。方杰认为，会制造产品的企业家只是凡人，而会制造消费概念的人才不是一般的人。[①] 奥普电器不仅要把产品培育成商品，而且还要制造出一种举国认同的消费理念——浴霸不仅仅是一个取暖器，而且是浴室装潢的必备设备。而在当时，中国还没有浴室取暖产品的概念，人们不得不在冬季洗澡时忍受浴室的寒冷，浴霸的出现迎合了人们提高生活质量的潜在需求。然而，新产品的出现必然有个被消费者接受的过程，哪些人是最愿意接受新生事物的消费者呢？真正的市场推广应该从哪里开始呢？方杰发现海派姑娘爱美、时髦，便把奥普浴霸定位为时尚产品，将浴室中有无浴霸宣传成衡量生活格调的一个标志，针对 20 来岁的海派姑娘进行营销。凭借着精准的产品定位，奥普浴霸一经推出，就得到了海派姑娘的热捧，随后得到了普通消费者的认同，迅速在全国推广开来。[②] 奥普浴霸的出现，改变了中国人几千年的洗浴习惯，改善了中国城乡人民的卫生条件，受到了市场的欢迎。许多企业迅速跟进，一时间浴霸行业群雄并起。面对激烈的市场竞争，奥普电器秉承专业、安全的理念，通过持续创新保持着高速增长，并于 2006 年在香港地区成功上市。方杰一手缔造的奥普电器不仅赢得了成千上万的用户，还开创了“中国浴霸业”这一崭新行业，成为中国卫浴行业中里程碑式的人物。

1993 年，刚从日本回国不久的浙江大学教师褚健创建了浙江浙大中控信息技术有限公司（简称浙大中控）。当时中国的自控产品主要来自国外，国内大多数企业热衷于做进口产品的代理商，沉下心来做自控产品开发的企业很少。实际上，“在 20 世纪 80 年代，国家曾组织大量的人力、物力和财力，投资几千万元对自控产品进行了协同攻关开发，但没有取得大的成效”。面对中国自控领域缺乏自主产品的情况，褚健认为，“国外有，为什么我们自己就开发不出来呢”？“如果我们不做，中国自控领域将永远没有翻身的机会”[③]。公司成立以后，褚健和一群 20 多岁的年轻人针对自控产品的关键技术进行深入研究，在系统集成领域辛勤耕耘。在发展过程中，浙大中控成功利用了校办企业的品牌资源和技术资源，逐步成长为拥有行业整体解决方案的国内一流高级系统集成服务提供商，

---

① 于颖．访奥普方杰：以品牌开创行业改变中国洗浴观念．http：//home. focus. cn/news/2010-03-17/167604. html [2011-03-31].

② 池小红，王洁青．方杰：品味奥普——本刊专访杭州奥普电器有限公司董事长方杰．http：//homea. people. com. cn/GB/51018/55466/55468/3886994. html [2011-03-31].

③ 徐志红．2002．褚健不认输．东方企业家，(5).

在智能交通、轨道交通、数字化水务、智能建筑、数字化医疗、公用工程等行业系统集成项目中取得了诸多成绩，成为业界公认的中国自控领域高端品牌，其旗下企业浙大海纳科技股份有限公司已成功上市。褚健在总结经验时认为，研究者创业是浙大中控的成功之本，“高新技术的产业化现在由各种各样的人在做，最主要和最成功的还是研究者本身”①。

20世纪90年代初，中国留学人员的创业空间刚刚打开。虽然当时的中国还没能吸引大批留学人员回国创业，但归国留学人员高技术创业的现象还是引起了不少地方政府的关注。这些地方政府开始思考如何吸引归国留学人员在本地创业。

1992年，上海发布了《上海市鼓励出国留学人员来上海工作的若干规定》，明确规定只要注册资金不低于1万美元，归国留学人员便可来上海办企业。之后的三年时间里，上海市陆续创建了三个留学人员创业园，为留学人员提供创办企业、进出口代理、商务、公用事业、劳动人事等方面的服务。同样也是在1992年，深圳颁布了支持留学人员用自己的专利、专有技术或资金向深圳各类企业投资入股的政策，在很大程度上带动了广东留学人员创业政策的调整，使广州在其“九五”计划中明确提出要积极吸引境外留学人员来广州工作，通过岗位招聘、项目合作等形式吸引留学人员。1994年，南京在全国率先设立了南京金陵海外学子科技工业园，这是中国第一家归国留学人员创业园，昭示着具有中国特色的专门支持归国留学人员高技术创业的孵化器正式诞生。

这些地方政府早期支持留学人员创业的行为很快成为其他地方政府学习的标杆，围绕留学人员的“筑巢引凤”行动迅速在全国范围内展开，留学人员回国服务的社会环境不断改善，留学人员归国效力的软硬件条件日益完善，为20世纪90年代中后期海外留学人员大规模回国创业奠定了良好的制度基础。

---

① 徐志红. 2002. 褚健不认输. 东方企业家，(5).

第二章 20世纪90年代中后期归国留学人员的高技术创业

20世纪90年代中后期，中国蓬勃发展的市场经济催生了创业大潮。随着以IT创业为代表的高技术创业潮的兴起，海外留学人员回归热情空前高涨，归国留学人员创办企业数量迅速攀升，归国留学人员的高技术创业进入了全新的阶段。

与早期公派归国留学人员主要从事科研教学有所不同，20世纪90年代中后期的归国留学人员在国内面临着更多的选择。此时归国的留学人员大多是20世纪80年代末、90年代早期出国的留学人员，这一时期出国的除了公费留学人员，更多的是自费留学人员。他们所学专业不再局限于数学、物理、化学、化工、机械、机电、通信、电子、工程、建筑等自然科学领域，也广泛涉及工商管理、金融财务、经济法律、社会文化等社会科学领域，并且不少归国留学人员有在美国、英国、法国、德国、日本等发达国家工作的经历。

这些海外留学人员不仅掌握了先进的知识和技术，而且也接触了各种新思想、新观念、新技能，对西方世界的政治、经济、文化有着较为深刻的感悟和理解。他们的思维能够拓展到国际领域，眼光始终盯着世界先进水平，在观察社会现象时高度敏锐，分析问题角度新颖、独特，富有见解和说服力。他们懂得国际惯例，具备国际化人才的素质。与国内同龄人相比，在机遇意识、市场意识、竞争意识等方面具有明显优势。① 这些海外留学人员学成归国后，不仅带回了国外先进的知识和技术，还带来了先进的理念和国际化视野。许多人还在高技术领域开展创业活动，其中围绕互联网的IT创业潮最为激动人心。

从20世纪80年代末开始，随着新技术浪潮席卷美国，世界经济模式与全球产业形态都发生了巨大的变化。在信息革命的发源地美国，IT技术发展尤为迅

① 松江区人民政府侨务办公室松江区侨联．松江区留学归国人员情况调查及思考．http://www.ssfcn.com/detailed.asp?id=53424&sid=1350［2011-04-08］.

猛，互联网很快成为人们交流与工作必不可少的工具。不少海外留学人员因给家里打电话比较贵，便利用互联网与国内联系，成为最早上网交流的互联网用户，田溯宁就是其中之一。在上网的过程中，田溯宁与互联网结缘，对信息高速路的发展前景充满了信心。他于1993年结合自己的专业在美国创办了“中国环境网”，而他的第一个注册用户就是日后和他合作创业的互联网专家丁健。田溯宁与丁健通过互联网相识，一见如故。两个充满创业激情的年轻人经常在一起聊天，在发展互联网业务上逐步达成了共识。凭借华侨刘耀伦提供的50万美元的天使投资，田溯宁、丁健和其他几名留学人员在达拉斯创办起一家互联网公司——亚信科技。起初，亚信科技没有业务，也没有收入，但不久后，田溯宁和丁健就在一次展会上结识了美国第三大电信公司的国际业务总裁，其公司商业互联网计划包括中国项目，但公司却无人愿去中国开展业务。机缘巧合下，田溯宁和丁健获得了该公司20万美元的分包业务，以此为基础开始了回国创业的谋划。

1995年年初，田溯宁、丁健和其他几位留学人员回国成立了亚信科技（中国）有限公司。创立伊始，亚信科技便提出了“把互联网带回家”的口号，并凭借创始团队在美国建设互联网的技术基础，与中国电信签订了建设中国公用计算机互联网骨干网的合同。

随后的1996年正是中国互联网市场化元年。在这一年，中国才开始在全国范围提供计算机互联网络服务，也是从这一年起，全国各地逐步迸发出互联网建设需求。作为最早将互联网概念引进中国的企业之一，刚刚创立的亚信科技凭借其拥有的电信网络集成技术幸运地获得了这难得的发展机遇。仅一年多时间，亚信科技就成为国内市场占有率达到90%的电信网络集成服务商，当时中国大多数单位的互联网都由亚信科技建造。

在中国市场强劲需求的支撑下，亚信科技发展迅速，2001年在美国纳斯达克上市，成为第一家在美国上市的中国企业，上市第一天亚信科技的股票就从24美元涨到110美元，受到了股民的热捧。尽管亚信科技并未以门户网站作为重点发展业务，尽管田溯宁不久离开亚信科技就任新成立的中国网络通信有限公司的总裁兼首席执行官，尽管亚信科技目前的发展面临着诸多的竞争，但亚信科技的核心业务从未离开过互联网领域。通过为中国信息基础设施提供解决方案和核心管理软件，亚信科技已成为集通信管理软件、系统集成和高端咨询服务于一体的专业服务提供商，是国内大型网络工程领域颇具影响力的品牌厂家。[①]

与田溯宁、丁健同期归国创业的海外学子还有吴鹰。与田溯宁、丁健类似，吴鹰走的也是先在美国创业，而后回国创业的路径。1985 年吴鹰赴美留学，长期在美国 AT&T 贝尔实验室工作，负责个人通信服务、多媒体通信等前沿技术的研究。由于近距离接触到全球电信领域的新思想和新技术，吴鹰深刻感受到了电信发展的黄金时代已经到来。1991 年，吴鹰与合作伙伴在美国创办了公司 Starcom；后于 1995 年回国创业，与 Unitech 合并成立了 UT 斯达康。在公司核心业务的选择中，吴鹰引进了一种在日本遭到失败、被认为技术落后的 PHS 通信技术，以此为基础开发小灵通业务。在国际巨头纷纷不看好的情形下，1998 年，UT 斯达康斥资数千万元开发小灵通。在技术重整与产品发展的过程中，吴鹰重新定义了小灵通概念，将其定位于固定通信业务的延伸和补充，并将该技术卖给了中国的两家固网运营商——中国电信和中国网通，而这两家公司当时没有移动运营许可证，迫切需要相关技术实现移动通信的突破。在两家电信巨头的支持下，小灵通业务以倍数级速度迅速发展。[②] 1999 年，UT 斯达康销售额就达到了 1.85 亿美元。2000 年 3 月，UT 斯达康在美国纽约纳斯达克上市。上市后，UT 斯达康继续保持着快速成长的态势。在其最辉煌的时期，UT 斯达康拥有上亿小灵通用户，其产品与服务遍布全世界 30 多个国家和地区。

然而，小灵通长期游离在我国政策边缘，一直面临着政策调整的压力。以小灵通为代表的无线市话，在解决一定时期的应用时是很好的选择，但不得不面临电信技术升级和产业重组的变局。随着 3G 时代的来临，2008 年工业和信息化部（简称工信部）发出了“小灵通三年内清频退网”的指令，曾经给人们带来低价、便捷服务的小灵通不得不淡出历史舞台，UT 斯达康的主营业务也面临着全线的调整。尽管吴鹰因战略分歧已经离开了 UT 斯达康，但是，这位“小灵通之父”亲身践行“带回人才、带回管理、带回技术、带回资金”的留学人员创业理念，以及小灵通的传奇际遇都将在中国电信发展史上留下浓重的印迹。[③]

---

① 亚信官网．发展历程．http：//www.asiainfo.com.cn/cn/company/history.shtml［2012-08-11］.

② 齐介仑．吴鹰下台内幕：成也小灵通，败也小灵通．http：//news.hexun.com/2007-10-30/100983278_1.html［2011-04-10］.

③ 柏晶伟．2005-12-28．吴鹰：成功挑战电信垄断．中国经济时报，A01.

继田溯宁、丁健、吴鹰之后，更多的归国留学人员把互联网热从海外带回到中国。海外留学人员的归国创业改变了国内产业生态，带动了以互联网为代表的中国高新技术产业的发展。

1996 年，中国开始在全国范围内提供计算机互联网络服务。尽管当年的中国教育和科研计算机网（CERNET）到美国的国际线路带宽仅仅 2M，但却标志着互联网已从实验室走向了普通人的生活。这一年，中国互联网产业迎来了第一波创业潮，当前中国互联网门户网站的领军者新浪、搜狐、网易都是从那个时候发展起来的。这批归国创业人员理念前卫、行动迅速、表现抢眼、业绩突出，成为这波互联网创业潮中最耀眼的明星。一时间，“注意力经济”、“眼球经济”成为当时最引人注目的业界话题，以张朝阳为代表的归国创业人员更成为亿万人心目中的数字英雄与财富明星。

1996 年，在麻省理工学院媒体实验室主任尼葛洛庞帝教授和麻省理工学院斯隆商学院爱德华·罗伯特教授提供的风险投资支持下，留美归来的张朝阳创建了爱特信信息技术有限公司（简称爱特信），成为中国第一家凭借风险投资基金建立的互联网公司。创业之前，张朝阳在美国 10 年，主要在麻省理工学院读书。读书期间，张朝阳经常接触到计算机，注意到美国快速发展的互联网经济，深刻感受到美国 IT 业迅猛的发展态势，萌生了在互联网领域创业的想法。1995 年年底，张朝阳学成回国，出任美国 ISI 驻中国首席代表。面对国内互联网领域发展明显滞后的状况，怀着“让网络成为中国人民生活中不可缺少的一部分”的梦想，张朝阳开始了创业前的各项准备工作，并于 1996 年创立了爱特信。

1998 年 2 月，张朝阳推出了专为中文用户设计的搜狐搜索引擎，并将爱特信更名北京搜狐互联网信息服务有限公司（简称搜狐公司）。1999 年，搜狐公司通过搜狐网推出了新闻频道和内容频道，奠定了综合门户网站的雏形。搜狐网改变了人们阅读的习惯，与网易、新浪等网站一起开启了中国互联网门户时代。

从搜狐网诞生之日起，搜狐公司的经营理念和商业模式就得到了中国媒体的强力关注，吸引了大批中国网民的注意力，也获得了英特尔、道琼斯、晨兴、IDG 等国际风险投资商的认可与追捧。搜狐公司是如此成功，以至于搜狐网推出不到 8 个月，张朝阳就被美国《时代周刊》评为“全球 50 位数字英雄”之一。2000 年 7 月，搜狐公司在美国纳斯达克挂牌上市。仅用了短短两年时间，搜狐公司就从一个初创企业发展成一家国际知名企业，它用难以想象的发展速度完成了传统行业十几年乃至几十年才能完成的发展过程。在全球互联网发展受到重创的2002年，搜狐公司却在第三季度实现全面赢利，成为中国互联网业第一个实现赢利的门户网站，带动中国概念股在纳斯达克全面飘红。经过10多年的发展，搜狐已成为主流人群获取资讯和休闲娱乐的主要平台，与网易、新浪并称为“中国三大门户网站”。张朝阳本人作为互联网时代令人瞩目的知识英雄与财富英雄，是归国留学人员高技术创业的成功典范。[①]

20世纪90年代中后期，在美国互联网浪潮的冲击下，中关村的街头巷尾、酒馆茶楼里到处可见归国留学人员的身影，到处可闻互联网创业的豪言壮语。受搜狐、网易、新浪等门户网站成功效应的激励，互联网门户网站创业一时蔚然成风。无论是门户网站的创业者还是门户网站的高管团队，都活跃着归国留学人员的身影。

在这一波门户网站创业潮中，与张朝阳同期创立门户网站的留学人员很多，但像张朝阳这样引起媒体与公众广泛关注的幸运儿不是很多。尽管同期留学人员创立的门户网站不在少数，却很少有人像张朝阳似的受到明星般的关注，也较少有门户平台像搜狐网似的受到公众的热捧，以至于张朝阳麻省理工学院的同学曾这样质问媒体：“为什么你们只喜欢报道张朝阳？为什么不也来报道报道我们？”从某种程度上说，张朝阳独特的个人魅力和搜狐可爱的品牌表现力成就了搜狐网，而人们也不得不承认一种全新商业模式的诞生，那就是：在互联网时代，企业不一定要马上赚到钱，企业也不一定要立即有客户，但一定要能吸引“眼球”，一定要吸引人们的注意。关注度代表着实力，注意力代表着潜力。只有拥有广泛的关注，只有黏住广大的用户，互联网企业才能在“千帆竞过，百舸争流”的竞争中最后胜出。

到了1999年，归国留学人员创立的专业门户网站如雨后春笋般发展起来。这一年，陈一舟、周云帆和杨宁三位斯坦福大学同学合作创办了专门针对年轻人的社交网络ChinaRen，推出了品牌产品ChinaRen校友录，创造了中国第一个也是最大的年轻人社区；季琦、梁建章、沈南鹏和范敏创办了专注于旅游服务的携程旅行网，向数千万会员提供集酒店预订、机票预订、度假预订、商旅管理、特惠商户及旅游资讯在内的全方位旅行服务，并于2003年成功登陆纳斯达克，被誉为互联网和传统旅游无缝结合的典范；莫天全创办了专注于房地产服务的搜房网，经过近10年的发展，从2001年的名不见经传到2010年海外成

---

① 搜狐网．搜狐公司简介．http：//corp. sohu. com/indexcn. shtml［2012-07-16］.

功上市，莫天全打造了一个业务范围覆盖房地产领域的“网上房地产帝国”；俞渝与李国庆效仿亚马逊创办的当当网，通过多年的努力，使其成为国内市场占有率第一的网上书店，还在线销售家居百货、化妆品、数码、家电、服装等逾百万种商品，也于2010年在纽约证券交易所成功挂牌……这些网站专业化特色明显，有的针对特定人群，为有特定需求的人们提供交流的平台；有的针对特定领域，为特定领域提供专门的服务；有的专注于互联经济与实体经济结合，注重线上与线下并行；有的直接介入电子商务，通过B to C、B to B等多种模式整合高科技产业与传统行业。这些归国留学人员创办的企业利用互联网新技术，把房地产、旅游、酒店等传统行业公司变成了高效率、有活力的新兴企业，通过高技术创业让传统行业焕发出新的生机。

归国留学人员在IT领域的创业不仅表现在门户网站的蓬勃发展上，而且还体现在相关实用技术的突破上。1996年，留美博士严望佳创建了北京启明星辰信息技术有限公司（简称启明星辰），成为首批进入中关村科技园的归国留学人员创办企业之一。然而，由于当时国内互联网还停留在小范围应用中，启明星辰前三年业务开展并不顺利，一直未获得较大的订单。但严望佳和她的公司仍坚守在互联网领域研发网络安全技术。1999年，中国互联网突然火爆，许多单位开始铺设网络，随之而来的网络安全问题带动了对网络安全产品的强劲需求，启明星辰的网络安全软件天阗入侵检测系统终于得到了商业化应用，当年公司便实现了盈亏平衡。此后，启明星辰进入快速发展期，年收入几乎每年翻番。经过多年的发展，启明星辰成为拥有完全自主知识产权的网络安全产品、可信安全管理平台、安全服务与解决方案的综合提供商。2010年6月，启明星辰在深圳证券交易所中小板正式挂牌上市，成为国内第一家登陆资本市场的专业信息安全企业。严望佳也因她在网络信息安全领域的坚守与执著成为成功女企业家的典范。在回顾创业历程时，严望佳反复强调团队在创业中的重要性。她说：“因为在个人和企业的结合中，团队无疑是放在首位的。在企业发展的某个阶段，个人的魅力在一定程度上会带动企业的发展，但长远来看，依靠个人的魅力会出现问题。企业要想走向健康，要依靠富有凝聚力的管理。我们以‘启明星辰’这个名字来命名我们共同的事业，便蕴涵了这个深刻的道理。”①

1999年年初，在新加坡工作的邓国顺买了一台笔记本电脑。在使用过程中，

① 邢利宇.2003.构筑企业文化——“中西合璧”的严望佳.公关世界，(02)：14，15.

他发现当时的主流移动存储设备软驱软盘在存储应用过程中存在容量小、易损坏、速度慢等诸多问题。作为应用软件开发的专家，邓国顺自然而然地想到如何解决这些问题，于是开发一种轻巧、简便且高速度、大容量移动存储新设备的想法便应运而生。邓国顺与同在新加坡的硬件工程师成晓华构想出使用半导体 Flash 芯片替代软驱软盘作为新型移动存储产品的方案，并很快作出了回国开发新型移动存储产品的决定。

1999 年 5 月，邓国顺与成晓华在深圳创业启动资金的支持下成立了深圳朗科科技有限公司（简称朗科科技）。从 1999 年下半年开始，邓国顺等人在罗湖区租赁的两室一厅的民宅里利用半导体 Flash 芯片闭门造“盘”。经过几个月的紧张攻关和无数次的死机，朗科科技终于研发出全球第一款基于 USB 接口的闪存盘——“优盘牌”闪存盘（即“U 盘”）。由于闪存盘率先采用了 USB 接口和闪存芯片，具有体积小、容量大、速度快、抗震性能强等特点，被媒体称为“软盘终结者”，受到了消费者的欢迎。随着“优盘牌”闪存盘进入市场，闪存技术很快为业界认可，多家厂商迅速跟进，多款闪存盘快速推出，全球移动存储业爆发了“闪存革命”。在短短的两三年时间里，闪存盘成功取代了软驱软盘，成为人们最常用的便携式移动存储设备。

为了保持先发优势，朗科科技围绕闪存技术精耕细作，在移动存储领域申请了多项基础性发明专利，推出了众多相关产品。2002 年，朗科闪存盘基础专利授权书正式颁发后，朗科科技开始了一系列专利维权行动，先后对华旗、索尼无锡和美国 PNY 等中外企业发起专利诉讼，并通过收取专利授权费、达成和解合作等模式，成为中国较早实现专利运营的高科技公司。2010 年 1 月，朗科科技成功登陆创业板，成为我国第一家在境内上市的移动存储企业。2010 年 9 月，公司创始人、实际控制人邓国顺因业绩下滑等原因挂印离去，但在邓国顺等人的带动下，我国移动存储企业用层出不穷的技术创新推动着世界移动存储业的发展，影响着全球移动存储市场的格局。目前，我国移动存储市场 95% 的份额掌握在国内企业手中，这在 IT 产品领域可谓绝无仅有的现象，而最先在移动存储领域作出开创性贡献的邓国顺也因此被称为“U 盘之父”[①]。

20 世纪 90 年代中后期，归国留学人员还从硅谷带回了比较先进的集成电路（IC）设计技术。芯片设计是信息产业的基础性技术，决定着一个国家的技术水

① 李学勇. 2011. 自主创新案例选编. 北京：人民出版社，党建读物出版社.

平和竞争实力，国外称其为“生死攸关的工业”和“工业粮食”。

早在1994年，在硅谷从事IC设计的杨崇和就回国考察了IC产业发展状况，通过与电子工业部领导的交流，他更加坚信“中国内地没有理由不能将IC产业发展起来”，从而决定归国进行创业。为了充分利用美国的信息优势与中国的生产优势，杨崇和及其合作伙伴决定在硅谷和上海同时进行公司运作。1997年，杨崇和等人先在美国硅谷注册了新涛半导体有限公司，紧接着在上海注册了新涛科技有限公司（简称新涛科技）。杨崇和等人在硅谷的工作经历得到了电子工业部的认可和支持，新涛科技成为国内第一家以风险投资＋硅谷模式运作的IC设计公司，其主要投资股东既有华登国际投资集团等国际知名投资公司，也有上海华虹微电子有限公司等“909工程”执行单位，还有来自日本和中国台湾的创投公司。新涛科技发展很快，成立仅两年，其产品就被松下公司采用，成为首个走出国门的芯片。2001年，新涛科技销售额超过1000万美元，也就在这一年，新涛科技被杨崇和以8500万美元的“天价”卖给美国IDT，杨崇和本人也成为“上海版硅谷神话的缔造者”，被称为中国内地芯片设计“第一人”。杨崇和与相关风投在IC行业的大胆投资和丰厚回报，直接带动了国际资本对我国IC产业的投资。而在新涛科技之前，中国IC产业基本以国家扶持为主。正是新涛科技的成功出售，吸引了国际风投纷纷介入中国市场，有力地推动了我国IC产业的发展。①

但在当时的环境里，新涛科技的成功更多是风险投资与硅谷模式的成功，其在芯片技术领域的创新只属于小范围的技术突破，芯片核心技术的缺失仍然是制约中国IC产业发展的重要瓶颈。中国需要“中国芯”来改变IC产业发展困境，中国政府急需企业在IC核心技术上取得重大突破。然而，芯片是现代电子产业的关键，也是发达国家知识产权保护的重中之重，如若没有深厚的研究基础和丰富的实践积累，一般公司很难承担起开发“中国芯”的使命。

在多方寻找与多次磋商后，在美国多年的邓中翰因其突出的经历和业绩受到了中国政府的青睐。邓中翰曾在IBM做高级研究员，负责超大规模CMOS集成电路设计研究，申请过多项发明专利，获得过“IBM发明创造奖”。在主动离开IBM后，邓中翰利用风险投资基金在硅谷创建了集成电路公司PIXIM. INC.，

---

① 俞崇武. 2005. “卖”出成功——记IDT-新涛科技（上海）有限公司总经理杨崇和. 科技创业，(1)：20-24.

市值很快达到了1.5亿美元。中国政府向邓中翰抛出了橄榄枝，希望他能回国开发“中国芯”。在信息产业部的盛邀下，邓中翰决定在国内组建中国本土的芯片设计公司。

1999年10月，在信息产业部电子发展基金1000万元风险投资的支持下，邓中翰在中关村成立了中星微电子有限公司，并确立了管理团队知识产权折股35%及管理团队持股比例不变等公司股权规则，开始了生产研发数字多媒体芯片的创业历程。在中国政府的大力支持下，在创业团队的共同努力下，“星光中国芯工程”迅速起步，中星微电子研发的“星光”系列数字多媒体芯片很快就占领计算机图像输入芯片市场60%以上份额，迅速成长为全球数字多媒体芯片的主要提供商。2005年11月，中星微电子在美国纳斯达克成功上市，成为较早在美国上市的中国电子信息企业。拥有核心技术和自主知识产权的中星微电子不但打破了国外芯片的垄断地位，改变了国内数字多媒体芯片主要由国外产品控制的产业格局，而且使我国集成电路芯片第一次在全球市场份额中取得了领先地位，提升了我国在核心技术领域的国际地位。[①] 邓中翰本人也因其在芯片领域的突出贡献于2009年成功当选中国工程院院士，成为我国最年轻的中国工程院院士。

20世纪90年代中后期既是归国留学人员高新技术产业集中创业的时代，也是众多归国留学人员在传统产业进行高技术开拓的年代。1997年，在美国、墨西哥有十几年学习工作经历的韩庚辰联合几位归国留学人员在中关村成立了北京奥瑞金种业股份有限公司（简称奥瑞金种业）。早在国外学习工作期间，韩庚辰就一直有归国创业的想法。他几乎每年都回国考察，感觉到中国种业有着广阔的市场空间和巨大的发展潜力。当时的中国种业还基本被一些大型国企垄断，鲜有民营企业进入。奥瑞金种业创业前后，正是中国种业市场向民营企业刚刚开放的时期。奥瑞金种业因其归国留学人员创办企业的身份和特有的育种技术幸运地成为第一批政府批准的具有全国经营资格的种子行业民营企业，从而获得了发展先机。

1997～2000年，奥瑞金种业凭借先进的育种技术很快占据了种业市场的一部分市场份额，为未来的持续发展打下了良好的市场基础。随着2000年《种子法》的出台，我国种业市场对外开放，各类资本竞相进入，种业市场一度出现

① 李学勇．2011．自主创新案例选编．北京：人民出版社，党建读物出版社．

群雄并起、激烈厮杀的局面。奥瑞金种业在变局中坚持研发第一的思想，凭借专有的技术和先进的管理脱颖而出，一直保持着30%左右的利润增长率，很快就发展成年销售收入过亿元的大型高科技企业。2005年11月，奥瑞金种业成功上市，成为第一家登陆纳斯达克市场的中国农业科技企业，而韩庚辰也实现了“发展民族种业”的梦想。

1998年，在美工作多年的常兆华回国创建了微创医疗器械（上海）有限公司（简称微创医疗）。他在美国的时候，有家国内企业在美国采购医疗器械，其采购过程深深地触动了常兆华，“国内有一家医疗器械公司欲购置生产心脏导管的成套设备，本来只需一套，但后来却买了十套，而这些设备在美国十年前就被淘汰了。这家公司白白浪费了600多万美元，非但一个合格产品也没有产出，而且这家中国公司已濒临破产，数百名职工每月靠国家的救济金才能勉强生活”①。这一事件让常兆华深深感受到我国民族医疗产业的孱弱，也强化了常兆华回国创业的想法。

微创医疗成立后，就一直致力于开发心脏导管产品，即利用先进的导管技术代替手术刀，“以微小的创伤实现治疗，使病人免除开刀之苦”。长期以来，由于技术垄断，进口支架在中国的售价要比欧美市场高出一倍，给患者带来了沉重的经济负担。2000年，微创医疗开发出裸金属支架，其质量与国外同类产品相当，价格却远远低于国外的同类产品，微创医疗这一产品的问世给国外同类产品的行业巨头们带来很大的压力，国外同类产品在中国市场的价格也由20 000元立即减半，引发了市场格局的变迁。曾有一家欧美重量级企业试图收购微创医疗，如果按照他们的出价，常兆华可以净得上千万元的利润回报，但是却被他一口回绝。在常兆华看来，这不仅是一家公司的事情，这件事情关系到这一领域民族企业发展的成败。此后，微创医疗围绕支架的系列研制工作迅速开展，先后推出了各种类型的支架产品，并通过收购微创（北京）生命医学科技有限公司，将公司业务拓展到胰岛素泵业务，使公司业务在专注医疗领域的基础上得到了多元化发展。在微创医疗成立之前，国内尚无正规的心血管介入器械的成功研制与生产能力，这一领域几乎全部依赖进口。常兆华创立微创医疗后，在较短时间内，独立研制和批量生产合格的PTCA冠状动脉支架，打破

---

① 佚名．2012-08-03．常博士的企业搞大了——记微创医疗器械有限公司董事长、留美博士常兆华．http：//www.why.com.cn/abroad_3/weiguofuwu/12/2.htm［2012-08-12］．

了被国外垄断十几年的市场，促进了我国微创介入器械产业的发展，也带动了相关新型材料、电子、精密机械、缓释医药等高科技产业的发展。[①] 2010 年，随着微创医疗在香港联合交易所主板成功上市，微创医疗从创业初期 30 万美元的投资发展到 2010 年公司上市后的数亿资产，成为中国微创医疗领域的领军企业。

1999 年，在美国从事生物材料和医疗器械的研制开发工作近六年的蒲忠杰回国了。在中国船舶重工集团公司第七二五研究所和美国 WP 公司初始投资的支持下，蒲忠杰创立了北京乐普医疗器械有限公司，专门从事冠状动脉介入医疗器械产品的研发、生产和销售。成立以来，乐普医疗相继完成了支架、导管等多项介入医疗核心产品的研制开发和产业化工作，在业内第一个获得国家食品药品监督管理局颁发的“冠状动脉支架输送系统”产品注册证，第一个研发并试制成功抗感染“药物中心静脉导管”。经过多年的发展，乐普医疗已具备了心血管介入、麻醉监护与护理三大类产品的生产研发能力，产品销售遍布全国，是国内高端医疗器械领域能够与国外产品形成强有力竞争的为数不多的企业之一。

2009 年 10 月，乐普医疗成功登陆创业板，上市首日收盘价高达 63.4 元。以蒲忠杰及妻子张月娥实际持股量 9142.885 万股来算，当日他们的账面财富达到 57.97 亿元，一度跃升为创业板首富。[②] 从 1999 年创业到 2009 年公司成功上市，乐普医疗一直坚守在微创医疗领域，潜心介入医疗器械国产化道路，最终实现了跨越式发展。蒲忠杰觉得乐普医疗的成功得益于团队精神，他认为自己的创业团队具有迎难而上的精神，有着坚持走自主创新之路的坚定与执著。

20 世纪 90 年代中后期，留学人员归国创业的大环境越来越好。地方政府率先以积极姿态热烈欢迎留学人员回国创业。南京、上海、北京、深圳等市设立的留学人员创业园，从资金、信息、会议、服务等各个层面给留学人员归国创业提供便利和支持，“筑巢引凤”效果非常明显，成为聚集归国留学人员、承载高技术创业的主要载体。

广州于 1998 年创办了留学人员广州科技交流会，至今已连续举办十几届，

---

① 李学勇 . 2011. 自主创新案例选编 . 北京：人民出版社，党建读物出版社 .

② 黄婷 . 2009-10-31. 创业板首富乐普医疗蒲忠杰：5 年 300 倍的财富路 . 第一财经日报，第 A08 版.

已发展成有国际影响力的品牌会展活动，被誉为“智力广交会”。深圳于1999年开始举办深圳高科技成果交流会，至今已举办12届，几乎每届都有归国留学人员创业专题活动……这些会展活动为海外留学人员与国内搭建起交流与协作的平台，为促进海外留学人员回国创业作出了积极的贡献。

与此同时，国家也越来越重视留学人员的创业活动。1996年，为更好地支持广大海外留学人员以多种方式报效祖国，鼓励他们为我国经济建设和社会发展服务，教育部专门设立了“春晖计划”，资助广大留学人员短期回国服务。1997年，中国共产党的第十五次全国代表大会明确提出了“鼓励留学人员回国工作或以适当方式为国服务”并举的方针，鼓励海外留学人员回国创业。可以说，这一时期，随着国家和地方鼓励与支持归国留学人员创业举措的不断推出，归国留学人员高技术创业的积极性也越来越高。

第三章 21世纪归国留学人员的高技术创业

21世纪以来，世界经济格局发生了巨大的变化，国际上经济科技竞争也日趋激烈。2001年，全球经济遭遇了IT泡沫破灭的打击，许多高科技公司纷纷破产，西方国家高技术领域发展机会普遍减少，特别是美国还遭受了“9·11”事件，国外就业难度变大，留学人员海外发展空间受到限制。在西方发达国家经济持续疲软的时刻，中国经济却充满活力，一枝独秀，以GDP年均增长10%左右的速度迅速发展。随着中国综合国力的大幅提升，中国与西方发达国家在生活水平与生产能力方面的差距逐步缩小，北京、上海、广州、深圳等部分经济发达地区已达到西方发达国家的发展水平。

与此同时，在中国崛起的背景下，快速发展与转型变革中酝酿着难以计数的市场机会，孕育着各种各样的发展机遇。巨大的发展潜力与广阔的发展空间使中国梦成为一种时尚，对海外留学人员产生了强大的吸引力，吸引了众多海外留学人员归国，中国从人才流失时代迈入了人才回流时代。2000年美国移民局的一项调查证实，当年由美国回流的中国留学人员达到了1.5万人。而当年年底的美国《纽约时报》写道：“一个新的人才回流时代已开始，这将是中国在21世纪第一个十年的主要现象。”据统计，从2002年春天到2003年秋天的18个月里，有16 510名留学人员来到中关村访问，其中有3800人留了下来，比过去20年归国的留学人员加在一起还要多。① 到了2008年，全球遭遇金融危机，西方国家就业市场不景气，中国抓住时机，频频赴欧美国家进行“人才抄底”，海外留学人员大批回归已成趋势。到2010年左右，经常在国内工作和居住的归国留学人员已达数十万人。随着中国国力的日益强盛和国际地位的持续提升，许多在国外有所成就的留学人员也产生了强烈的回国创业意愿，中国迎来了通过归国留学人员高技术创业提升产业结构和提高企业竞争力的历史时期。

---

① 小康杂志．金融危机催发新海归，千人计划迎接人才回流．http：//news. xinhuanet. com/overseas/2009-04/30/content. 11289424. htm [2011-04-12].

中国政府亦敞开怀抱迎接海外学子的归来。21世纪以来，随着经济全球化浪潮的袭来，抢占人才高地、掌握发展的制高点已成为中国社会各界的共识。从中央到地方都采取各项措施，以极大诚意迎接海外留学人员回归创业。

2002年，为加快推进科教兴国战略和人才强国战略，中共中央办公厅、国务院办公厅印发《2002—2005年全国人才队伍建设规划纲要》。在《2002—2005年全国人才队伍建设规划纲要》的指导下，教育部和科技部定期举办“春晖杯”中国留学人员高技术创业大赛活动，鼓励海外留学人员积极申报高技术创业项目，根据海外留学人员的项目技术水平、投资前景、效益预测和产业化情况，组织留学人员创业园、大学科技园、风险投资机构和国内企业家对项目进行评审、洽谈和择优颁奖，帮助参赛者与留学人员创业园、大学科技园和企业进行项目对接。截至2011年，“春晖杯”中国留学人员高技术创业大赛活动已连续举办了6届，共遴选出1058个留学人员的创新创业项目①，极大地调动了海外优秀留学人员回归创业的热情，切实推动了海外留学人员的高新技术创业。

各地政府亦积极采取各项政策措施支持归国留学人员开展高技术创业。截至2011年7月，中国已建成各级各类留创园160多家，在孵的归国留学人员创办企业1万余家，累计孵化企业超过2万家。② 留学人员创业园在一系列政策措施的配合下，不仅成为支撑归国留学人员高技术创业的主要平台，而且也成为展示“中国智造”的重要舞台。

在各级政府的支持下，归国留学人员在全国各地掀起了高技术创业的热潮。他们带来了医药、电子、信息、通信、新能源、新材料、先进制造、金融、咨询等诸多领域的各类资源，成为推动中国高技术产业发展的重要力量。

IT行业是归国留学人员在21世纪创业最为集中的领域，互联网一直是我国留学人员创业的首选行业。然而21世纪初，全球互联网企业面临着极为严重的发展危机。尽管20世纪90年代末网络概念在欧洲、北美洲、亚洲等多个地区都受到热捧，但是持续的热捧却无法掩饰大多数互联网企业缺乏明确赢利模式的事实，全球孕育了巨大的互联网泡沫。而美国作为全球最为发达的资本市场，也成为泡沫最严重的地区。

---

① “春晖杯”中国留学人员高技术创业大赛活动官网．“春晖杯”中国留学人员高技术创业大赛参赛指南．http：//www.cscse.edu.cn/publish/portal6/tab655/module1291/more.htm [2011-04-12].

② 张冬冬．中国建成160多家留创园，累计孵化企业超过两万家．http：//www.chinanews.com/lxsh/2011/07-15/3186507.shtml [2011-07-15].

《计算机世界》对当时美国的资本市场进行了回顾："1995年8月，网景在纳斯达克上市，这家成立仅16个月、尚未赢利的互联网公司在上市首日，股价就涨到了发行价的两倍。而最为登峰造极的泡沫例证是AOL（美国在线），它以1840亿美元的天价收购传媒巨头时代华纳。当时，时代华纳的营业额是美国在线的4.5倍，总资产是美国在线的7.5倍，潜在经济价值更是美国在线的36.6倍。总体来看，网络经济泡沫化现象极为明显。""新世纪伊始，人们好像忽然意识到互联网缺少真金白银的赢利模式，巨大的泡沫快速破灭，纳斯达克指数开始大幅下挫，从2000年3月到2002年9月，纳斯达克指数从5048.2的最高点一路狂跌到1172.06点，其间一共跌去市值的77%，全球互联网泡沫开始退烧，无数的互联网公司倒闭破产，成千上万的投资者血本无归。随着互联网泡沫的破裂，全球IT领域的投资受到重创，投资者开始发现互联网没有明确赢利方向，对互联网企业捂紧了钱袋，中国互联网企业也经历了第一场寒冬。股市的低迷堵死了互联网企业的上市之路，而融资随后变成了'不可完成的使命'。"[①] 除了当时的三大门户网站新浪、网易、搜狐抢先一步上市，募集到度过互联网寒冬的资金外，大多数留学人员创立的互联网企业普遍面临着的资金链断裂、经营难以为继的问题，数千家初创公司无声无息地消失了，即使一些发展到一定规模的公司也不得不挂牌出售。例如，ChinaRen的创始人陈一舟、周云帆和杨宁不得不将ChinaRen卖给搜狐，他们的首次创业以出售的结局告终，但相对于大批灭于无形的初创公司来说，ChinaRen毕竟以另一种方式得以延续，陈一舟、周云帆和杨宁的首次创业还是得到了一定的回报。

互联网泡沫的破灭并没有打击归国留学人员在IT领域的创业热情，互联网依然是21世纪归国留学人员高技术创业最主要的领域。在互联网业风雨飘摇的时代，许多早期创业者仍然坚守，众多新生力量亦不断涌入。他们中既有首次创业成功者，也有多次创业的奋斗者；既有专注于企业发展的创业者，也有转型为投资者的创投家。在这些创业者与创投家的共同努力下，21世纪仍然是中国互联网风生水起、英雄辈出的创业年代，也是IT中国概念全面影响全球股市的崭新时代。

21世纪伊始，百度在线网络技术有限公司（简称百度）在中关村悄然成立了。百度创始人李彦宏是全球最早研究搜索引擎的IT专家。他曾在硅谷工作，

---

① 许磊，汤浔芳.2011.中国互联网戳不破的泡沫.计算机世界，(19)：26.

最先创建了 ESP 技术，并将其成功应用于 infoseek. go. com 的搜索引擎中。2000 年 1 月 1 日，怀抱“科技改变人们生活”的梦想，李彦宏携 120 万美元风险投资从美国回国，与好友徐勇共同创建了百度，将“打造中国人自己的中文搜索引擎”作为发展目标。2000 年 5 月，百度开始为国内门户网站提供搜索服务，并凭借技术优势迅速占领了国内主要门户网站的搜索引擎市场，成为当时国内最主要的搜索技术提供商。2001 年 8 月，百度发布 www. baidu. com 搜索引擎 Beta 版，从后台服务转向独立提供搜索服务。2001 年 10 月，百度推出了搜索引擎竞价排名，确立了全新的商业赢利模式。之后，百度又推出 IE 搜索伴侣、图片搜索、新闻搜索、地区搜索和百度贴吧等多种功能，很快在中国市场上超越谷歌（Google），成为中国网民首选的搜索引擎。2005 年 8 月，百度在美国纳斯达克成功上市，成为全球资本市场最受关注的上市公司之一。

经过多年的努力，百度已发展成全球最大的中文搜索引擎和中国最具价值的品牌之一，先后获得“亚洲最受尊敬企业”、“最受赞赏的中国公司”、“全球最具创新力企业”、“中国互联网力量之星”等多项荣耀，英国《金融时报》更将百度列为“中国十大世界级品牌”，成为这个榜单中最年轻的一家公司，也是唯一一家互联网公司。李彦宏因其在互联网搜索技术和商业模式方面诸多开创性贡献，被美国《商业周刊》和《财富》等杂志评为“全球最佳商业领袖”和“中国最具影响商界领袖”。2011 年，李彦宏以 94 亿美元资产位列福布斯全球富豪榜第 95 位，跃升为中国内地首富，从知识英雄迅速成长为名副其实的财富英雄。①

2002 年年初，ChinaRen 三位创始人中的两位——周云帆和杨宁发现移动通信增值服务与互联网平台之间存在着巨大的商机，离开搜狐公司创办了空中网。作为中国最早提供无线增值服务的互联网门户网站之一，空中网推出几个月之后就获得了 300 万美元的风险投资。2004 年 7 月，空中网在美国纳斯达克挂牌上市，从成立到纳斯达克上市仅用了两年零两个月，是当时中国企业在纳斯达克上市所花时间最短的公司。两位创始人周云帆和杨宁由此成为中国上市公司中最年轻的创始人之一，被誉为中国商界的传奇搭档。

同年，早于周云帆和杨宁离开搜狐公司的 ChinaRen 另一位创始人陈一舟创办了千橡互动集团。然而，千橡互动集团的发展却并非一帆风顺，其发展方向

---

① 百度官网．百度公司简介．http：//home. baidu. com/about/about. html [2011-12-03].

数度困扰着陈一舟，但陈一舟坚信互联网领域必有一片创业的天空，他认为“互联网上第二波创业者肯定比第一波更难成功，上一波创业时，哪里都是空地，你占一片就可以。但现在，已经有几个大城市了，我们只能做游击队，一边找几片相对肥沃的草地，逐渐变成小村庄，再变成城市；一边还要寻找其他草地”①。经过多方尝试，几经波折，直到2005年陈一舟才为千橡互动集团找到了比较明确的发展方向。

受Facebook的启发，2005年12月，归国创业人员王兴与他的团队创办的校内网深深启发了陈一舟。陈一舟认定SNS是互联网的重要创业方向，迅速推出了千橡互动校园社区5Q。与此同时，陈一舟亦非常看好校内网的发展前景，积极商谈收购校内网。一开始，收购事宜没有结果，2006年暑假校内网与5Q正面交锋，校内网通过高校校园大使进行推广，而5Q则以“用户注册换鸡腿”宣传自身品牌，随后就有了有人反复注册获得40余个鸡腿的笑话。不过，到了2006年9月，由于校内网商业模式仍不清晰，融资遇到了困难，陈一舟抓住了机遇，通过千橡互动集团成功收购了校内网。收购后，陈一舟对校内网进行了改造，在与5Q网充分整合后，在2009年8月将校内网更名为人人网，使其从校园网站发展成面向社会公众的网站，大大拓展了SNS的受众范围。目前，人人网拥有真实注册用户过亿，是中国最大的SNS社交网之一，被誉为中国的Facebook。2011年5月，人人网在美国纽约证券交易所上市并受到了市场的热捧，陈一舟多年的经营终于修成正果。如今的陈一舟经验更为丰富，手法日益娴熟，他所统领的千橡互动集团通过股权置换、自我创办等多种形式，拥有人人网、猫扑网、糯米网、千橡游戏、魔兽世界等多个品牌网络的股权，成为IT界颇具影响力的创业者和投资人。

与周云帆、杨宁、陈一舟一样，季琦、梁建章、沈南鹏和范敏等人组成的“携程四人组”也在2002年踏上了二次创业之旅，只不过周云帆、杨宁和陈一舟是首次创业退出后的重新创业，而“携程四人组”则是首次创业成功后的再度创业。当携程旅行网走上正轨后，初次创业即告成功的“携程四人组”不甘只做携程旅行网的守业人，决定探寻新的创业方向。他们在国外考察时注意到国外一些经济型酒店兼具干净、规范、安全和价格适中等特点，而这类酒店在国内比较稀缺，于是产生了创办经济型酒店的想法。2002年，“携程四人组”创建了如

---

① 朱旭东．2011．陈一舟的蜕变．环球企业家，(11)：86．

家酒店。如家酒店从中华民族“家”文化入手，以“大众住宿业的卓越领导者”为愿景，为消费者提供标准化、干净、温馨、舒适、贴心的经济型酒店。

在如家酒店的发展过程中，“携程四人组”充分利用自己的海归背景和人脉资源，向国际资本市场推介如家酒店的经营理念与赢利模式，很快引入了大笔风险资金，大大加速了如家酒店的发展进程。在连锁经营模式的推动下，多家如家酒店很快出现在全国各大城市中。由于性价比高，加之卫生服务标准化，如家酒店很快成为中国消费者外出经济型住宿的重要选择。如家酒店于 2006 年 10 月成功登陆美国纳斯达克市场，在商业上取得了很大的成功。从携程旅行网到如家酒店，“携程四人组”三年内两次叩开纳斯达克大门，个个成为资产过亿元的财富英雄。

此后，“携程四人组”分道扬镳。与选择淡出江湖、享受人生的梁建章不同，季琦、沈南鹏依然保持着高昂的创业热情。季琦不久后创办汉庭酒店，沈南鹏则正式加入红杉资本，完成了从企业家向投资人的蜕变。

沈南鹏精力充沛，经验丰富，市场感觉良好，融资能力突出，在高技术领域投资了很多具有高速增长潜力的公司，大众点评网就是其中颇具潜质的一家 IT 企业。2003 年 9 月，留美归来的张涛在上海创立了大众点评网。张涛在美国工作学习了 10 年，曾担任 IT 咨询顾问。他偏好美食，回到上海后到处寻找好吃的地方，却发现没有一个很好的信息源帮助自己对美食进行甄别。美国点评餐饮网站的《查氏餐馆评鉴》启发了张涛，能不能也做一个中文点评网站为有类似需求的用户提供服务？IT 业的工作经历与对美食的个人偏好促成了张涛创业的想法，大众点评网由此诞生。然而，大众点评网的创业切入点虽好，但是项目整体发展却比较缓慢，连续两年只有张涛带领一个技术人员在做，直到 2005 年才开始了小规模的公司运作。而恰恰在这一年，沈南鹏邂逅了大众点评网。尽管当时很少有人看好大众点评网的发展模式，沈南鹏却认为“大众点评网是 WEB 2.0 概念下的佼佼者，与传统行业的切入和结合做得非常好”①。于是红杉资本决定对大众点评网进行投资，这是大众点评网发展过程中所获得的第一笔风险投资。由于没有竞争对手，大众点评网平稳地度过了初创时期。靠着努力、耐心和幸运，大众点评网逐步发展起来，形成了以点评为核心，以网络广告、书籍出版和无线增值为辅的赢利模式，至今已有数千万元赢利，成为国

① 张慧宇．2010-08-30．大众点评网张涛：所有 VC 都认可我的．理财周报，(157)：16.

内最有影响力的点评网站，红杉资本也因此得到了丰厚的回报。

除了大众点评网外，沈南鹏旗下多家投资企业分别在纽约证券交易所、香港主板和国内 A 股成功上市，实现了全面开花的傲人成绩。回顾互联网投资历程，沈南鹏对自身经验进行了总结，认为“所谓创新企业不见得在产品有一个革命性的、突破性的技术，往往更成功的企业是让技术能够在市场上得到更好的应用”。“与既往的纯技术创新不同，在中国，应该倡导将创造性的、革命性的技术与中国本土市场更好地结合起来，实现更好应用的公司。这些公司既可能会在生活消费等传统行业出现，也可能在互联网等新兴行业出现。关键在于要在技术和中国的用户需求之间找到非常好的结合点，让技术在市场上得到最大的利用。”①

与陈一舟、沈南鹏有类似经历的海外留学人员还有不少，他们不仅创办过创业性企业，而且还从事风险投资，在高技术投资领域拓展事业。丁健、王兟、邓锋、邝子平、何欣、吴尚志、张帆、张颖、徐新、阎焱、熊晓鸽等归国留学人员，凭借着对创业机会的敏锐把握，在中国创业投资领域叱咤风云。在广大 VC 和 PE 的积极支持下，21 世纪每个在 IT 领域成功创业的留学人员背后几乎都有高技术投资人的身影。

除了 IT 老将外，在互联网领域大展宏图的还有许多新一代归国留学人员。2002 年，留学人员邹胜龙与程浩在美国创建了迅雷公司，次年在深圳成立三代科技公司（后更名为“迅雷公司”）。公司成立之初，邹胜龙及其团队就将“产品为王”作为创业的思路，坚决走技术领先路线。邹胜龙最熟悉的技术是互联网数据传输，而当时的下载市场却有着众多厂家，其中网际快车的产品占据着近 90%的市场份额。但邹胜龙很快就发现了网际快车的软肋：由于缺乏有威胁的竞争对手，网际快车产品更新周期较长，更新几乎需要半年左右的时间。邹胜龙敏感地意识到这是迅雷公司发展的大好机会，于是他决定以速度制胜。

2005 年，迅雷公司采用搜索引擎辅助下载技术，推出了迅雷下载产品，并将产品发布周期确定为两周左右。凭借快速的下载和更新周期的缩短，迅雷产品很快就占据了下载领域 30%的市场，其间拿到了 IDG 资本的天使投资。2007 年迅雷公司首次赢利，并以年 70%以上的增长率发展。经历了以速度创流量、

① 马静婴．沈南鹏解读另类创新．http：//finance.caixin.com/2010-06-26/100155845.html [2010-09-12].

以服务留用户等阶段，迅雷已成长为全球最大的下载引擎，独霸下载领域85%左右的市场份额，构建起由下载、视频、电子商务和游戏等多项业务组成的网络平台。事如其名，迅雷公司果真在短短数年内以迅雷不及掩耳之势快速发展起来了。邹胜龙将迅雷公司的快速成长归结于技术，他认为“迅雷用技术创造的高速下载，为人类获取数据节省了超过2000年的时间，非常有意义，所以会继续努力做下去”①。

像邹胜龙这样的新一代创业者很多，先后创立了校园网、饭否网、海内网和美团网的王兴，大众点评网的创始人张涛，土豆网的创始人王微……这些青年创业者在互联网领域的创新和开拓极大地促进了IT产业朝专业化、精细化方向发展。

从归国留学人员互联网创业历程可以看出，归国留学人员在推进中国网络发展、促进中国网络服务方面发挥了积极的作用，而中国经济的快速成长和中国网络的飞速发展又给了归国留学人员巨大的创业空间和开放的事业平台。当前，中国网民人数已达数亿，占总人口的比例超过1/3。网络已渗透中国人的日常生活与工作之中，深刻地影响着中国人的生活方式与工作方式。巨大的网民群体和活跃的网络使用使中国IT产业表现出非凡的活力，互联网发展先后迎来了门户热、电商热、SNS热、视频热、团购热等一次又一次热潮。在每一次热潮中，都能找到归国留学人员创办的企业，都有归国留学人员创办的企业在竞争中脱颖而出。

归国留学人员与中国互联网缘分深厚，他们是最早将互联网商业模式引入中国的群体，又是推进中国互联网发展的中坚力量。许多互联网公司的创始人都是海外留学人员，大批互联网公司的高管队伍中亦有众多归国留学人员的身影。在众多归国留学人员的带动下，中国企业在IT领域的创业活动非常活跃，中国概念亦成为美国资本市场最抢手的概念。

近年来，中国互联网企业在美国华尔街掀起了IPO热潮。来自清科资本的统计数据显示，2010年，共有39家中国企业赴美上市，融资高达30多亿美元，占据了全年美国市场IPO数量的近1/4。目前在美国上市的中国企业已达250家，主要由互联网企业、新能源企业和教育类企业组成。② 而中国互联网主流企

---

① 施维，沈珍洪. 2011. 迅雷邹胜龙：以速度杀出一条血路. 理财周刊.

② 侯继勇. 2011-05-05. 中国互联网5月批发IPO，富豪与泡沫齐飞？21世纪经济报道，第20版.

业基本上都已在美上市，其中百度、搜狐网、新浪网、空中网、当当网、搜房网、人人网等都是归国留学人员创办的企业。在风云际会的时空契合中，在百舸争流的大浪淘沙中，归国留学人员在IT领域创造着一个又一个IT财富传奇，演绎出一幕又一幕事业通达、财富裂变的互联网神话。

21世纪以来，留学人员在IC领域的创业活动也从未停止过。2000年，武平和一群海外学者怀着为祖国解决核心技术的理想，回国创业。2001年，武平、陈大同等四名硅谷归国留学人员创立了展讯通信（上海）公司（简称展讯），独立研发有自主知识产权的手机基带芯片。展讯成立以后，一直坚持"技术领先"路线，2003年展讯推出了全球第一颗单芯片GSM/GPRS多媒体基带一体化处理器，2004年展讯推出首颗TD-SCDMA/GSM双模基带芯片。由于在芯片领域的开创性贡献，武平团队还获得了国家科技进步奖一等奖。2007年，展讯以"中国3G概念股"登陆纳斯达克。然而，由于在过去相当长的时间里国内3G牌照迟迟未能发出，展讯耗资数亿元、超前四年研发的TD-SCDMA芯片亦没有用武之地，导致展讯上市后业绩不佳，股价一路狂跌，从IPO首日的高点15.95美元一度跌到0.7美元的谷底。对此，武平承受着巨大的压力，亦与投资人产生了很大的分歧。2009年1月，工信部开始向三大运营商发放3G牌照，展讯作为国内TD-SCDMA手机芯片主要供应厂商之一，业绩大幅回升。然而，此时的展讯已成为一家外资控股的公众公司，武平亦因与投资人的分歧离开展讯。受益于3G牌照的展讯不久后发布了自上市以来最好的季报，其股价回到9美元以上。① 尽管武平在展讯发展过程中为了融资逐步失去了公司控制权，但他对手机芯片国产化梦想的执著追逐和缔造中国3G第一股的传奇经历使之成为归国创业人员中的标志性人物，他在3G大幕拉开之际却遗憾作别展讯的经历也令人唏嘘不已。

2003年，张华龙从美国回国创业，他在深圳高新产业园区IC基地注册成立了芯邦微电子（深圳）公司（简称芯邦微电子），表达了其"以芯片兴邦"的壮志豪情。2003年，全球移动存储市场发展迅速，但国内却没有生产闪存盘芯片的厂家，不得不大量依赖进口。张华龙看准了市场空隙，决定凭借自身在芯片领域的技术积累，将移动存储芯片设计作为公司的主营业务。在公司成立后不久，芯邦微电子就得到了风险投资的青睐，2005年获得英特尔风险投资基金与联想的250万美元投资。在资本的推动下，芯邦微电子实现了飞速发展。到

---

① 申音，杜若洋.2010.武平："芯"路漫长.创业家，(7).

2006年年底，芯邦微电子第一代USB闪存控制芯片出货量超过5000万片，全球市场占有率超过40%。同年，芯邦微电子实现销售收入1.4亿元人民币。2008年，芯邦微电子年销售收入超过3000万美元，成为中国U盘芯片市场占有率第一的企业。至此，芯邦微电子已成为全球最大的U盘闪存控制芯片供货商。①

2004年，曾创办过新涛科技的杨崇和开始了第二次创业，创办了澜起科技（上海）有限公司（简称澜起科技）。澜起科技一开始就选择了两条腿走路，既开发数字电视机顶盒芯片，又开发高端计算机内存缓冲芯片，希望借面向不同市场的产品来平衡风险。2006年，澜起科技获得了包括英特尔技术基金在内的1000万美元投资，同年年底推出了有线数字电视接收芯片，并逐步占据了有线数字电视接收芯片领域60%左右的市场份额，累计出货量达5000万片。与此同时，澜起科技开发的高端计算机内存缓冲芯片，已开始被惠普、三星等国际大厂试用。在总结澜起科技的发展经验时，杨崇和认为，芯片厂商获得成功离不开技术和市场两大要素：在技术层面，技术积累是一件必须完成而又不能一蹴而就的事情，在回国之前，杨崇和就已在美国国家半导体公司工作，积累了大量半导体研发经验；在市场层面，杨崇和认为澜起科技赶上了国家推广数字电视和云计算的好时候②，才获得了迅速发展的机遇。

海外留学人员在集成电路产业的创业活动有力地促进了我国IC产业的投资与发展，在提升“中国制造”竞争力，推进“中国制造”大发展方面作出了积极的贡献。近年来，中国IC行业创业活动蓬勃开展，芯片行业发展非常迅速，目前符合创业板营业额和赢利要求的公司已突破50家，成为造富效应最为显著的行业之一。

除了在电子信息技术领域如火如荼地开展创业活动外，新能源、新材料、生物医药、先进制造等新兴产业也成为归国留学人员创业的热门领域。

近年来，随着中国对能源需求的与日俱增，清洁、经济、环保及可持续的太阳能发电日益受到人们的关注，太阳能发电产品市场处于快速增长之中。2000年，长期在澳大利亚从事太阳能研究的留学人员施正荣感到自己的专业在国内大有用武之地，产生了回国创业的想法。施正荣是“世界太阳能电池之父”

---

① 胡宇萌.2009.芯邦微电子：一招鲜之后的尴尬？创业家，(9).

② 杨崇和.国内集成电路业或将迎来第三次造富热潮.http://tech.163.com/09/1214/00/5QF2MOBI000915BD.html [2011-11-12].

马丁·格林教授的弟子，在太阳能光伏领域颇有建树，有着丰富的工作经验和大量的研究成果，但是太阳能光伏属于资本密集型产业，需要大笔投资才能建立起有效的产业规模，仅凭个人资金显然难以撬动。为寻求合作机会，施正荣开始与国内进行频繁接触。2001年9月，一支由无锡市政府、无锡市科学技术协会和无锡市风险投资公司的工作人员组成的考察团来到澳大利亚，他们对施正荣的太阳能光伏项目产生了浓厚的兴趣。在进行了细致全面的考察之后，无锡市政府决定对施正荣的项目给予资助，力邀施正荣赴无锡创业。施正荣被无锡市政府的诚意打动，辞去了澳大利亚的工作，带着妻子和孩子来到无锡创业。

2001年，在无锡市政府的支持下，无锡尚德太阳能电力有限公司（简称无锡尚德）很快成立。施正荣以40万美元的现金和价值160万美元的技术入股，占25%的股权，成为无锡尚德发展的关键人物。无锡尚德成立后，充分发挥归国留学人员拥有技术实力和了解国外市场的优势，建立起了一支成员各有所长、优势互补的国际化管理团队，很快形成了规模生产能力。2002年9月，无锡尚德第一条太阳能电池生产线投产，当年生产能力就达到了10兆瓦，产能相当于此前四年全国太阳能电池产量的总和。2003年，无锡尚德开始赢利，2005年在美国纽约证券交易所成功上市。在无锡尚德的带动下，我国太阳能电池产业发展迅猛。2008年我国太阳能电池产量约占全球市场的30%，其中无锡尚德约占全球市场的10%，其产能位居世界前三位，成为全球太阳能发电产品中重要的领军企业。[①] 受全球经济下滑及欧美国家和地区对中国光伏产业“双反”调查的影响，无锡尚德的经营业绩每况愈下，2013年更陷入了破产重整的困境。作为将中国光伏产业与世界的距离拉近15年的海归，施正荣虽然离开了无锡尚德，但依然在太阳能光伏产业发展中留下了浓墨重彩的一笔。

在新兴产业领域或传统产业高技术化方面成功创业的归国留学人员不胜枚举，如赛百诺公司创始人彭朝晖，苏州澳昆智能机器人公司创始人李政德，上海意昂汽车电子有限公司创始人史国军，武汉多普达通讯有限公司创始人杨兴平，精进电动科技（北京）有限公司创始人蔡蔚和余平……他们用自己的知识、智慧、经验、资本和激情从事高技术创业，对新兴产业的建立与传统产业的升级起到了积极的带动作用，为中国科技企业自主创新能力的提升起到了有效的示范作用，是建设创新型国家、推进经济社会发展的重要力量。

---

① 李学勇.2011.自主创新案例选编.北京：人民出版社，党建读物出版社.

小　结

随着中国经济社会发展环境的改善和国际地位的提高，海外留学人员的归国创业不仅已成趋势，而且渐成规模。

归国留学人员的创业活动非常活跃，创业空间相当广阔，不仅涉及各个产业门类，而且在地域上也呈现出全面开花的局面。除了北京、上海、深圳、广州等一线城市外，武汉、成都、宁波、杭州、烟台、常州、青岛、西安、哈尔滨和沈阳等城市也成为21世纪留学人员创业的聚集地。如今，无论从中央到地方都求贤若渴，都通过积极的政策措施为归国留学人员提供广阔的创业空间和优惠的发展条件。归国留学人员的创业在祖国得到了实实在在的支持，目前归国留学人员的高技术创业处于持续发展阶段。

与此同时，归国留学人员高技术创业所蕴涵的风险与可能面临的困境也受到越来越多的关注。虽然归国留学人员创业具有技术信息资源、国外背景和各种政策优惠等优势，但归国留学人员的高技术创业在现实中依然面临着重重困难，出现了种种问题。根据中关村科技园区的统计数据，归国留学人员创办的企业只有1/3成功出园，1/3在勉强经营，另外1/3彻底失败。考虑到统计遗漏等因素，现实中失败的归国留学人员创办企业的数量可能更多。

创业本身就意味着高风险，即使是成功者也经历了无比的艰辛，而每个成功者的身后必然有着无数黯然离场的失意者。相对于镁光灯下的张朝阳、李彦宏等少数成功者，现实中多数人是怀揣远大梦想却折戟沉沙。随着时间的推移，创业成本不断攀升，产业竞争日益加剧，国际交流更加频繁，海外留学人员的信息优势和技术优势不再那么明显，以互联网为代表的高技术创业在中国已变得越来越困难，相当数量的归国留学人员创立的公司或者在惨淡经营，或者在无声无息中消失。

归国留学人员创业失败的原因多种多样，有的因为所选项目无法得到市场认可，有的因为产品市场空间狭小，有的因为资金链发生了断裂，有的因为创业理念跟不上市场变化，有的因为创业团队产生了分裂，有的因为管理不善，有的因为成本飙升，有的因为技术开发能力不足，有的因为产业环境不公，有的因为被竞争对手模仿超越，有的仅仅因为创业者个性原因而消亡……

不难看出，这其中既有归国留学人员自身的因素，也有发展环境的因素，更与创业本身就具有的不确定性和高风险性密切相关。创业失败的情况是如此普遍，以至于有些留学人员发出“早知创业如此艰难，还不如当时将创业经费投资于房地产市场见效来得快”等感慨。但不管怎么说，留学人员依然是我国创业最为活跃的人群之一，而且也是创业成果较为丰硕的群体。资料显示，目前在美国三大主板上市的中国企业已达250家，主要以互联网企业、新能源企业和教育类企业为主，而在美国上市的众多企业中，有相当部分是归国留学人员创办的企业。

纵观中国归国留学人员创业历程，既有不少成功的案例，也有很多失败的教训。大浪淘沙，久炼见金，为何有些企业在竞争中活了下来，有些企业却灰飞烟灭？为什么有些企业勉强维持，有的企业精彩纷呈？为什么有的创业者能够越挫越勇，有的创业者却选择了永久放弃？为什么同类型创业在不同人手上有不同的命运，为什么同类型创业在不同时空中有不同的结果？到底是什么因素左右着归国留学人员的抉择，又是什么因素决定着归国留学人员创办企业的命运？

这一切看起来错综复杂，却又似有章可循。因此，有必要进一步分析影响我国归国留学人员高技术创业的因素，从中探寻留学人员创业成功背后的密钥。

因素篇

创业，是一个成功与挫折、激情与挑战、梦想与现实、诱惑与残酷并存的名词。在市场经济条件下的中国，许多人对追逐财富、实现梦想都有着一种与生俱来的渴望。创业作为拥有财富、实践梦想的重要途径，始终是中国社会经济生活的热点话题。

海外留学人员的高技术创业不仅是时代潮流，而且也是时尚话题。归国留学人员通过创业将国外先进的技术和管理经验带回国内，创造了就业机会，促进了产业竞争力，提高了自主创新能力，因此受到了政府的重视和社会的关注。随着全国各地鼓励与支持海外留学人员归国创业政策措施的相继出台，归国留学人员的创业热情被充分激发出来，他们满怀激情地参与到回国创业的大潮中，使归国留学人员高技术创业活动成为我国经济建设与社会发展中一个非常引人注目的现象。

在这股持续高涨的创业热潮中，归国留学人员高技术创业总体状况却不容乐观。中国社会科学院发布的《中国人才发展报告（2009）》显示，由于融资难、市场瓶颈、观念不兼容、内在积累不够等多种因素的影响，归国留学人员创办企业明显存在“三三现象”，即大约1/3能有较大发展，1/3勉强维持生存，1/3处于破产或半破产状态。上述数据显示，尽管有的归国创业人员品尝到了创业成功的喜悦，但大多数归国创业人员在创业路上却收获不多，许多归国留学人员创办的企业中途夭亡。可见，归国创业人员的创业之路并非坦途，注定一半是海水，一半是火焰；一半是天堂，一半是炼狱。是到达天堂还是到达炼狱，用中国人的话来说，需要看是否能具备“天时、地利、人和”的条件。

本篇将从一个个实际案例出发，通过讲述和分析归国留学人员高技术创业故事，看看到底是什么因素影响着归国留学人员的高技术创业，哪些因素又在归国留学人员高技术创业中起着决定性作用，哪些因素是归国留学人员成功创办企业必不可少的。与此同时，本篇还将通过回顾先行者的创业历程，看看一个创业者在自身素质哪些方面的积累有利于创业成功，如何在无数个看似充满前景的创业机会中识别和把握真正的创业机会，在创建企业的过程中归国留学人员需要作哪些方面的准备，如何选择适合自身的创业环境，创业政策到底在创业过程中发挥怎样的效应，在国内与西方的体制与理念的落差中归国留学人员如何适应这种环境的变化，等等。

为了回答上述问题，本篇将从创业者素质、创业机会、创业组织和创业资源等角度对影响归国留学人员高技术创业绩效的主要因素进行分析，旨在探寻归国留学人员创业成功的密钥，探索归国留学人员高技术创业的成功路径。

第四章 创业者素质

在归国留学人员创办企业，以及整个企业的成长和发展过程中，创业者素质对企业的成败起着至关重要的作用，尤其是在企业发展出现重大转折、需要作出重要决策的时候，创业者的个人素质往往决定着企业未来的命运。一个具有良好综合素质的归国创业人员，能及时发现和把握创业机会与发展机会，有效整合企业内部资源与外部资源，有力掌控企业未来的发展方向。许多取得辉煌成就的企业，不仅整个企业文化处处彰显着创业者本人的内涵素质与工作习惯，而且每次关键的抉择都离不开创业者的杀伐决断，每次重要的扩张总是打着创业者的个性烙印。对于归国创业人员来说，创业欲望、商业意识、能力素质和人格特质是创业者最重要的素质：创业欲望是促使归国留学人员开创事业的精神动力，商业意识是归国留学人员在激烈市场竞争中掌控机会的内在本能，能力素质是归国留学人员高技术创业的重要保障，人格特质是归国留学人员智商、情商和逆商的综合体现。这些创业者素质在很大程度上决定着归国留学人员创办企业的成败兴衰。

一 创业欲望

有人说，“欲望是创业的最大推动力”。如果把这句话改成“欲望是创业的原动力”可能更恰如其分些。

2006 年 7 月，在“创·通天下”上海市大学生创业论坛上，上海财经大学创业中心主任徐远重提出“创业首先需要有成功的欲望，其次需要强烈的成功欲望，再次需要更强烈的成功欲望”，并指出在“你想要创业，还是你一定要创业”之间存在着巨大差异，“你想要创业”只代表你有创业的想法，并不代表你一定要付诸实施；而“你一定要创业”必然是心中充满了创业的激情，只要一有机会，你就会将创业想法转化为实际行动。在创业之路上，苏商建设集团有限公司董事局主席严介和亦指出“创业”中“‘创’字代表感性，‘业’字代表理性，没有‘创’哪有‘业’”，一名真正的创业者应该具备激情、冒险、梦想和理想。[①] 换言之，有强烈的创业欲望，创业未必一定成功；但若没有强烈的创业欲望，创业绝对不可能成功。可见，创业欲望对开创事业的重要性。

为什么归国留学人员相对于本土人士更热衷于创业呢？根据马斯洛需求层次理论的分析，人类有生理需求、安全需求、社交需求、尊重需求和自我实现需求等五个层次的需求。海外留学人员大多是同龄人中的佼佼者，生理需求、安全需求、社交需求和尊重需求往往都得到了较大的满足，此时自我实现的需求就会比较强烈。成千上万的海外留学人员之所以放弃在国外开名车、住豪宅的优越生活回到祖国，从几间简陋的办公室、几个人组成的公司起家开始创业，最主要的原因是他们希望实现个人抱负，在面对快速发展的中国市场涌现出的大量商业机会时，产生了强烈的创业欲望。在强烈创业欲望的驱使下，归国创业逐渐成为许多海外留学人员的第一选择，也成为当代归国留学人员最鲜明的时代特征。

创业欲望在很大程度上来自于创业者内心对成功的强烈渴求。美国硅谷创业导师格拉汉姆认为，“创业是一条艰辛的道路，但是一份朝九晚五的工作同样会让人感到郁闷。创业的过程中会遇到没完没了的麻烦，但不会如同在一家公司上班那样，感觉到生命和理想正在离你远去”[②]。一个真正的创业者必然是一个怀有强烈创业梦想的人。田溯宁在北京读硕士研究生时，就希望自己能够拥有金钱与财富，并组织学生帮助一家出版社翻译著作，开始了他人生中的第一次创业尝试。在美国读博士期间，田溯宁感受到企业家精神是美国社会发展的重要动力，所以产生了要成为对社会有影响力的企业家的想法，这一想法加上IT革命对他的冲击，激发了他强烈的创业欲望，直接形成了其归国创业的动力。经过一系列准备，怀着“把互联网带回家”的创业梦想，田溯宁拉上了五位海外留学人员与他一起踏上了回国创业的旅程，其创办的亚信科技很快发展成为中国主要的电信网络集成服务商。田溯宁的创业梦想和其在中国互联网领域的开创性工作使其在中国IT发展史上留下了浓重的一笔。

海外留学工作经历亦增加了归国留学人员的创业信心，强化了归国留学人

---

① 周凯．创业必须要有成功欲望．http：//zqb. cyol. com/content/2006-07/06/content _ 1438181. htm [2011-04-12].

② 李超．格拉汉姆和他的“门徒”．http：//www. infzm. com/content/54021 [2011-04-11].

员的创业欲望。陈一舟就是一个创业欲望特别强烈的人。陈一舟本科毕业于武汉大学，又先后在麻省理工学院和斯坦福大学读书。良好的教育背景使他在读书期间就接触到不少成功人士：金山软件股份有限公司创始人雷军是他在武汉大学的校友；搜狐公司创始人张朝阳是他在麻省理工大学的校友；斯坦福大学的同学们就更不用说了，在这所全美创业氛围最为浓烈的学校中有无数的校园创业者，他们每天都在寻找下一个“New New Thing”，大多渴望“开一个价值10亿美元的公司”。深受斯坦福创业文化感染的陈一舟同样激情万丈，一直怀有“开一个价值10亿美元的公司”的创业梦想。

2001年，ChinaRen被搜狐公司收购后，搜狐公司给予陈一舟搜狐公司副总裁的优厚待遇。但是，稳定的工作无法实现陈一舟实现自我的“鸿鹄之志”，丰厚的待遇亦无法束缚陈一舟一直驿动着的创业之心，其在日后接受《中国企业家》采访时表示：“又不是大股东，又做不了主，一天到晚在那里守着，没什么意思。”① 不甘于平庸的陈一舟仅在搜狐公司工作半年后，就辞掉搜狐公司副总裁的职位，承受着因违约而丧失搜狐股票的风险，到美国再次创业。

陈一舟其后的创业经历也颇为坎坷，千橡互动集团的发展一度风雨飘摇。但即使在最困难的时刻，陈一舟也坚守在互联网创业前沿，从未放弃过自己的创业梦想。在陈一舟的不断“折腾”和不懈努力下，千橡互动集团旗下已拥有了猫扑网、人人网、糯米网、经纬网、车问网等知名网站，人人网更是成功在纽约证券交易所上市。从1999年ChinaRen的创立到2011年人人网的上市，陈一舟一直怀着执著的创业欲望，历经12年的跌宕起伏，终于实现了“开一个价值10亿美元的公司”的梦想，跻身于中国互联网领域标志性成功人士行列。

在互联网创业领域不停折腾的不只陈一舟一人，很多浸润其中的创业者都在不停地寻找新的创业机会，新生代归国留学人员王兴就是其中一位。

从2005年归国创业起，王兴首先创办的校内网是国内最早的SNS社区，吸引了数百万大学生用户，后因无法融到资金被迫卖给了陈一舟的千橡互动集团。2007年，王兴又创立了饭否网，作为国内最早推出中文微博客的网站，一度拥有上百万用户。不久，王兴又推出海内网，将SNS社区从学生向白领群体扩展。然而，2009年7月，饭否网被关停，使用同一服务器的海内网同时消失，王兴又回到了事业的原点。尽管挫折不断，屡战屡败，但心怀创业梦想的王兴屡败

---

① 张绪．2011-05-05．社交网站进入资本神话时代．北京商报，第5版．

屡战，2010年又创办了美团网，开团购网站之先河。王兴的这次创业终于得到了风险投资的认可，在红杉资本1000万美元风投的支持下，美团网迅速发展，销售额已居国内团购网站前列，王兴亦因其在互联网领域的屡次开创性工作成为业界著名的“连环创业家”。

报效家国、实现自我也是很多海外留学人员归国创业的初衷。“根在中国，事业就在中国。”浙大中控创始人褚健在国外游学时就发现，20世纪90年代的中国，大多数企业热衷于做进口产品的代理商，沉下心来做国产自控产品开发的企业很少。面对中国自控领域缺乏自主产品的状况，“不肯认输”的褚健认为，“国外有，为什么我们自己就开发不出来呢”？“如果我们不做，中国自控领域将永远没有翻身的机会”①。在褚健的带领下，浙大中控充分利用校办企业的品牌优势和技术资源，经过20年的发展，成长为中国自控领域响当当的民族品牌，其旗下企业浙大海纳已成功上市。

微创医疗创始人常兆华在美国期间，国内企业在美国的一次采购经历深深触动了他，“国内有一家医疗器械公司欲购置生产心脏导管的成套设备，本来只需一套，但后来却买了十套，而这些设备在美国十年前就被淘汰了。这家公司白白浪费了600多万美元，非但一个合格产品也没有产出，而且这家中国公司已濒临破产，数百名职工每月靠国家的救济金才能勉强生活”②。这件令人痛心的事让常兆华深切感受到民族产业的疲弱带来的贸易上的不公平，也促成了常兆华回国创业的行动。在常兆华的带领下，微创医疗得以迅猛发展，很快成为中国微创医疗领域的领军企业。有一家欧美重量级企业试图收购微创医疗，如果按照他们的出价，常兆华可以净得上千万元的利润回报，但是却被他一口回绝。常兆华的微创医疗一直怀着发展民族产业的梦想，他们的产品打破了被国外产品长期垄断市场的局面，促进了我国微创介入器械产业的发展。

天津市生物芯片技术有限责任公司创始人王磊亦坦言，“当初出去就想着早晚要回来，这是一直萦绕在我内心的真实想法”。留学期间，王磊经常回国看望老师和亲友，对学校和家乡的变化非常关心。从20世纪90年代末开始，他每次回国都深刻感受到天津的变化，并坚信天津的快速发展必有自己的用武之地。

---

① 徐志红.2002.褚健不认输.东方企业家，(5).

② 佚名.常博士的企业搞大了——记微创医疗器械有限公司董事长、留美博士常兆华.http://www.why.com.cn/abroad_3/weiguofuwu/12/2.htm [2012-08-12].

“当时，国内生命科学领域的研究还比较落后，而我掌握一些学术前沿的知识，回来马上就能用得上，回国做事创业的时机基本成熟了。”2001 年年底，王磊来不及将房子卖掉，就带着妻子和孩子回到了他朝思暮想的南开园。两年之后，王磊又开始了科研产业化的新尝试，在各方的关注与支持下，他创立了天津市生物芯片技术有限责任公司①，开始了生物芯片技术领域的创业活动。

无锡矽鼎科技有限公司创始人吴薇认为：“回家，回到祖国，始终是最重要的感情因素。”在回国之前，吴薇在硅谷的事业发展很顺利，家庭生活也颇为平顺，但怀揣报效家国的理想，她选择了归国创业。2008 年，吴薇和陈海雷利用自身在美国积累的技术与经验从硅谷回到无锡创业。在团队的共同努力下，公司从 2008 年初创时仅有 5 名员工、销售额仅 1.2 万元的小公司，发展到拥有近百名员工、年销售额超过 5000 万元的高科技企业。②

与褚健、常兆华、王磊、吴薇有着同样梦想的归国创业人员很多。许多海外留学人员在国外功成名就的情况下，始终怀有回归祖国、报效家国的想法，一俟时机成熟就踏上了归国创业的征程。

外部刺激也能激起海外留学人员潜在的创业欲望。在李彦宏的创业过程中，妻子的鞭策和激励一次次激发了他的创业欲望与奋斗激情。

李彦宏和马东敏结婚不久，就成了 Infoseek 的信息搜索专家，并拥有了豪华别墅、名车和几十万股期权。在取得这些成就之后，李彦宏按部就班地上班和生活，并且利用业余时间在院子里侍弄花草。妻子认为他作为信息技术领域的顶尖专家，不应安于现状，应该独立创业。于是她把李彦宏在菜地里的菜全拔掉，并说：“你是世界顶尖的 IT 专家，我强烈反对你变成一个加利福尼亚农夫!”为了进一步激起丈夫创业的勇气，马东敏把 Google 的搜索方式与李彦宏的研究成果非常相似的情况向他作了介绍，让李彦宏真真切切地知道曾经向他请教过问题的两个斯坦福大学学生创办了世界上名列第一的搜索引擎公司 Google。马东敏说：“为什么你不亲自做一做？你会比他们做得更好!”老婆一席话，激起李彦宏内心的创业激情，百度在李彦宏手中诞生。百度从 1999 年成立到 2001 年夏天，业务没有太多进展，非但没有赢利，而且每天还要花掉 3000

---

① 中共天津市委宣传部调研组．2009-01-28．一位优秀“海归”科学家——记天津市杰出留学人员王磊．天津日报，第 01 版．

② 高琼玲．回国创业：最重要的是感情因素．http：//www.tianjinwe.com/rollnews/201012/t20101229_3010339.html [2011-04-12].

多美元，李彦宏的心理承受能力也快达到了极限。得知这一情况后，从美国飞回北京的马东敏的几句话再次激发了他的斗志："你别忘了，Google 那两个小家伙，还是你的学生呢，他们现在每个人都已经拥有 30 亿美元的身价了。"为了增加公司收入，李彦宏考虑采用竞价排名的方式来提高用户的参与热情，然而这一提议却在董事会上遭到了强烈反对，他们害怕重蹈免费邮箱改成收费信箱后失败的覆辙。这次又是马东敏鼓励了丈夫："既然没有别的路，是生是死都要试试。"在李彦宏的坚持下，百度竞价排名一举成功，用户呈几何级数增加。百度发展壮大后，是否去纳斯达克上市成为摆在李彦宏面前的现实问题。考虑到 Infoseek 的惨败、上市的成本、股东诉讼风险等诸多问题，李彦宏始终没下最后决心。在百度上市的重大决策中，妻子马东敏对李彦宏的支持、帮助和鼓励又起到了很大的作用："杨致远能做成的事，为什么李彦宏就做不成？Google 能做成的事，为什么百度就做不成？亿万富翁宁有种乎？"经过一系列的准备工作，2005 年 8 月 5 日晚，百度在纳斯达克上市，原始股疯涨了 353.85%，全世界为之震惊。在曼哈顿举行的大型庆祝晚会上，对着全世界的闪光灯和话筒，李彦宏这样评价他妻子："百度精神里有一种叫做勇气，而我老婆马东敏博士，则是这勇气的来源。她总能在关键时刻，冷静地提出最勇敢的建议。而事实证明，她的那些充满东方智慧的建议，将我引上了正确的道路。其实，我本质上并不是一个喜欢冒险开拓的人，而我的老婆是。在百度的冒险创业历程中，每一步都是她推着我向前走的。"① 短短的几句话，道出了李彦宏的心声和对妻子的感激之情，也是对马东敏在百度成长过程中对李彦宏帮助和支持的精练总结。

从以上归国创业人员的创业经历中可以感受到，创业欲望是创业的源泉，是创业者开创事业的最大推动力。正因为基于自我实现需求的强烈创业愿望，归国创业人员才有了源源不断的创业动力，才能跋山涉水，穿越创业过程中的艰难险阻，造就一个个创业奇迹。

二 商业意识

俗话说"商场如战场"。在当今市场经济条件下，把商场比做战场一点也不夸张。归国留学人员的高技术创业过程，既是技术研发与产业化的过程，也是

---

① 佚名. 2009. 马东敏：阻止了李彦宏成为一个"农夫". 八小时以外，(8)：30-31.

综合运用商业智慧的过程。归国留学人员创办企业虽然大多具有技术上的优势，但是要想把产品成功打入市场，赢得消费者的青睐却并非易事。要使创业企业得以生存发展，归国留学人员还必须有出众的商业意识。

所谓商业意识，用中国一句老话来表达就是，“你到底是不是块做生意的料”。出众的商业意识能让归国创业人员在瞬息万变的市场环境中抓住商机，为企业赢得生存和发展的空间。

创业成功的归国留学人员往往具有超越常人的商业意识。李彦宏的商业意识就得到了创业伙伴徐勇的高度评价：“他的商业思维和市场眼光非常独到，对搜索产业方向的把握和商业竞争的规律和规则理解得非常到位。”还在做专业技术工作时，李彦宏就写了《硅谷商战》一书，显示出技术出身的李彦宏此时已对商业竞争有了深入的思考。在寻找商业伙伴时，李彦宏先让徐勇在保密协议上签完字才开始聊具体的创业想法，也说明了此时的李彦宏已具备了企业家的思维方式。在回国创业时机的把握上，李彦宏同样显示出了商人特有的商业嗅觉。1999 年，当作为专家应邀回国参加新中国成立 50 周年国庆观礼的时候，李彦宏发现国内网民众多，上网非常流行，搜狐、新浪、网易等网站发展迅速。敏锐的商业嗅觉让李彦宏意识到国内的环境到了可以创业的时候。时不我待，看惯了硅谷商战的李彦宏十分清楚时间意味着什么，尽管手中仍有价值 50 多万美元的 Infoseek 股权没有兑现，但他却义无反顾地决定辞职归国创业。[①] 如果李彦宏没有敏锐的商业嗅觉，他就不可能在回国参加国庆观礼时发现互联网领域的巨大商机，也不可能毅然决然地辞去待遇丰厚的工作，更不可能有今天的百度。如果说技术成就了信息搜索专家李彦宏，为他归国创业提供了可能性，那么出众的商业意识则使他的创业想法变为现实，成就了商界领袖李彦宏。

与李彦宏类似，亚信科技创始人田溯宁、搜狐网创始人张朝阳等早期互联网创业者，大都在 20 世纪 90 年代初感受到 IT 革命的震撼性力量和互联网世界的独特魅力，发现当时的中国距离信息高速公路还有很大的距离。在差异中发现机会，在差距中觅得商机，他们选择立即行动，迅速回国圈地创业，自此在中国掀起了一波互联网创业热潮，其中的成功者迅速在中国互联网领域得到了丰厚的回报。

---

① 李乐天. 2006. 从制造百度营销、股价神话到 PK 掉 Google 野心：李彦宏商业谋略缔造百度神话. 人力资本，(10)：12-21.

商业意识有时还反映在对瞬时信息的捕捉与掌控上。1993年的一天晚上，青岛金王公司创始人陈索斌到一位朋友家中谈事，突然遇到停电，朋友的妻子赶紧找出一截蜡烛点上，烛光下红彤彤的蜡烛一股股地冒着黑烟，忽明忽暗。朋友的妻子在旁边抱怨说："如今卫星都能上天了，怎么这蜡烛还是老样子，谁要是能捣鼓出不冒黑烟的蜡烛，说不定能得个诺贝尔奖什么的。"① 就是这样一句话触动了陈索斌，依托这种灵感，他创办了青岛金王公司，并拥有了金王蜡烛品牌。随着金王蜡烛的成功推广，陈索斌在创业的道路上取得了成功。对蜡烛黑烟的抱怨，相信不只陈索斌一个人听到过，为什么只有他抓住了这个机会呢？这只能归结于陈索斌比一般人有着更为强烈的商业意识。

从以上几个创业案例中可以看出，归国留学人员的商业意识不仅是创业成功的保证，而且还决定了企业发展的轨迹。在目前产品同质化严重、市场容量有限、竞争日趋激烈的情况下，归国留学人员只有具备了商业意识，才能发现和把握发展机会，使企业得以生存发展。若归国留学人员缺乏商业意识，即使企业技术再好，产品也很难赢得市场，往往会被激烈的市场竞争所淘汰。

三 能力素质

归国留学人员要想有效开启高技术创业的成功之门，仅有创业欲望和商业意识是不够的，还应具备开启创业之门的能力素质。能力素质可分为多种类型，其中海外学习与工作经历所积累的专业知识与工作经验是归国留学人员所特有的能力素质。

博瑞生物医药技术（苏州）有限公司（简称博瑞生物医药）创始人袁建栋建议归国留学人员创业要盯住三个重点：一要利用在海外的学习、工作经历，积累行业里的先进经验；二要掌握核心技术；三要开发在市场上有生命力的项目。袁建栋的成长与创业经历就是对其创业建议的最好诠释。1998年，袁建栋在美国取得博士学位后，进入了美国著名的恩佐生物化学股份有限公司（简称恩佐生物）从事研发工作。袁建栋在恩佐生物工作期间积累了大量的行业经验，为他回国创业打下了坚实的基础。2002年，他回到故乡苏州创办了博瑞生物医药，开始了创业历程。在回顾自己的创业历程时，袁建栋深有感

① 周锡冰.2009.马云教你创业.北京：中国经济出版社.

触地强调："海外留学人员一定要利用好在海外的学习和工作经历，借助国外先进的科研条件，积累行业经验，掌握国外产品的研发情况，挖掘它们在技术上的优势，了解所在领域的各种规则。"① 可见，海外学习与工作经历对归国创业人员在相关行业的技术储备和经验积累大有裨益。

大多数归国创业人员往往有着较高的学历，不少人获得了国外著名大学的硕士甚至博士学位。根据中国欧美同学会副会长王辉耀的统计，较高学历有助于归国创业人员创业成功。在他分析的成功回国创业样本中，48％的创业者为博士或博士后，35％的创业者为硕士，12％的创业者为访问学者，5％的创业者为本科毕业。落户在中关村的 8400 名归国创业人员中，40％的创业者为博士，40％的创业者为硕士，20％的创业者为本科毕业。② 可见，绝大部分成功创业者都有着较高学历。一般情况下，在国外受教育时间越长，对国外先进科学知识和管理经验的学习和积累就越多，对高技术创业就越有帮助。

除了拥有较高学历外，丰富的海外工作经验亦有助于归国留学人员高技术创业。俗话说"冰冻三尺，非一日之寒"。一个人的能力素质往往与多年积累的工作经验有关。李怀忠在《什么样的人在中国创业可能成功》一书中分析影响创业成功的要素时，就着重谈到了"经验"。据他透露，创业之前拥有 5 年以上工作经验的创业者成功的可能性远高于没有工作经验的创业者。他通过对中小板上市企业创业者的分析，发现仅有 3％的创业者拥有低于 5 年的工作经验，14％的创业者在创业之前有 5～9 年的工作经验，约 26％的创业者拥有 10～14 年的工作经验，约 13％的创业者拥有 15～19 年的工作经验，16％的创业者拥有 20～24 年的工作经验，约 10％的创业者拥有超过 25 年的工作经验，另外还有 18％的案例无法获得创业者工作经验的数据。③ 他的研究结果充分说明了创业者的工作经验在创业成功中所起的重要作用。中国欧美同学会副会长王辉耀的调查研究也表明，有工作经验的归国留学人员比那些出国拿了个学位就回国创业的人员更易创业成功，而且，回国创业较为成功的人士平均在海外的工作年限一般在 5 年左右。可见，海外工作经验有助于海外留学人员接触行业关键技术，积累行业工作经验。

---

① 张虎．2008-07-19．创业要盯住 3 个重点．人民日报海外版，第 5 版．

② 王辉耀．海归创业成功因素之二：要有较扎实海外学历．http：//blog. sina. com. cn/s/blog_46ebb5ba01000fz9. html? tj＝1［2011-04-16］.

③ 李怀忠．2011．什么样的人在中国创业可能成功．北京：中国金融出版社．

许多创业成功的归国留学人员在国外就拥有了丰富的知识积累与工作经验。无锡尚德创始人施正荣在回国创业前，曾师从国际上太阳能领域的权威、“太阳能之父”马丁·格林教授攻读博士学位，施正荣本人也是世界上首位成功攻克“如何将硅薄膜生长在玻璃上”这一世界性难题的人。在取得博士学位后，他留校任研究员和澳大利亚太平洋太阳能电力有限公司执行董事，个人持有10多项太阳能电池技术发明专利。在国外的学习、科研和工作经历，让施正荣的能力得到了无锡市政府的认可。在无锡市政府的大力支持下，施正荣创立的无锡尚德迅速成为中国太阳能发电领域的领跑者。

与施正荣经历相仿的还有中星微电子创始人邓中翰院士，邓中翰在回国创业前，不但拿到了一个博士学位和两个硕士学位，而且还在著名的国际固体电力年会上作论文课题报告。毕业后他在IBM工作一年，申请了多项发明专利，之后自己来到硅谷，在风险投资的资助下创业，所创企业市值很快达到1.5亿美元。邓中翰在国外的科研、工作和创业经历，使其得到了中国政府的垂青。在电子信息部的支持下，拥有核心技术的邓中翰回国后如鱼得水，其创立的中星微电子不仅成为国际知名企业，他自己也成为最年轻的中国工程院院士。

微创医疗创始人常兆华在归国创业前，发表过40余篇科技论文，获得40多项专利，曾先后任美国两家纳斯达克上市公司的副总裁，在微创介入治疗技术方面有着丰富的积累，其回国创立的微创医疗不但取得了商业方面的巨大成功，而且推动了我国微创介入医疗技术的发展，创造了良好的社会效益。

携程旅行网、如家酒店创始人沈南鹏在回国创业前，曾先后担任花旗银行华尔街分行职员、雷曼兄弟驻港中国区负责人和德意志银行亚太区总裁等职务。国外投行的工作经历使沈南鹏形成独到的投资眼光，在投融资领域建立了广泛的人脉关系，为他日后成功创建携程旅行网、如家酒店积累了丰富的工作经验。

有成功的创业者，就必然会有失败的创业者，其中许多创业者失败的原因大都在于技术能力不足、工作经验缺乏。不少年轻的创业者抱着“时不待我”、“急于求成”的心态，毕业后急急踏上创业旅程，但由于缺乏必要的技术储备，缺少相关行业的经验积累，很多创业最终都难逃失败的厄运。清华大学启迪创新研究院副院长陈鸿波感叹，他在清华科技园十几年的孵化器工作过程中，见过太多急于创业而致企业失败的案例。相对来说，有工作经验的归国留学人员比那些出国一两年拿了个学位就归国创业的留学人员的人生阅历更为丰富，能力素质更为全面。40多岁才创办大连新程软件有限公司的刘劲柏认为，“人到中年开始创业的最大优势就是年富力强及人生阅历丰富。因为看到的、听到的多了，在创业过程中就能表现得更加稳健，面对挫折也能够更加坦然地面对。在心态上，中年创业与青年创业有两种不同的境界。”“我们对新鲜事物抱着接受和学习的心态，创业不是因为一时的心潮澎湃，而是一种水到渠成。”[①]

广州市望软计算机科技有限公司创始人容嘉华亦认为，“创业要求天时地利人和，如果没有相关行业经验，就先不要创业。创业很艰难，除非是相对高端的人才或具备独特资源，这样起点会高些，经验还是得积累。独特资源是指独特技术、独特理念、市场资源、资本资源等。所以一定要看准，要沉淀，选择合适的时机”[②]。可见，创业不仅要讲时机，更要靠岁月锤炼下的自我积累。正是出于这个原因，现在归国创业人员中流行着一种“慢创业”的说法，即毕业后不要急着创业，而应在工作中积累技术知识与行业经验，等待合适时机再创业。

能力素质是创业者开创事业的基础。归国创业人员的海外学习工作经历是其人生的宝贵财富，其间积累的知识技术与行业经验对归国留学人员高技术创业的成败有着重要的影响。

四 人格特质

2011年5月21日，著名天使投资人薛蛮子在“第六届中国站长年会”上指出，“创业是一个折腾人的活。在创业中失败是必然的，成功是偶然的，要不然全世界满街站的多少马化腾。都是李彦宏，都是马云那是不可能的事”[③]。

现实中，创业失败的概率远远大于创业成功的概率，创业显然并不适合每个人。李琼在“创业未必是白领救命稻草：如何认识自己最关键”一文中总结了10种不适合创业的人格特质：①不愿意和他人交往，跟别人交往感觉压抑、不自在或怠于交际应酬；②自卑，感觉自己不如别人；③没有主见，不坚定，容易受他人影响；④夜郎自大，缺乏自知之明；⑤冲动冒进，不理智，不计后

---

① 万家驹，黄艺．2011-08-11．两位海归的别样人生——慢创业．人民日报海外版，第07版．

② 宋金绪，冯婉瑶．2011-01-20．海归创业眼光要低，起点要高．南方都市报，GD04．

③ 薛蛮子．创业不再是单打独斗时代，需要好的团队．http：//tech.ifeng.com/internet/special/qushi5/content-3/detail_2011_05/21/6541667_0.html [2011-06-22].

果行事；⑥完美主义，苛求完美，对自我和他人的要求甚高；⑦多愁善感，感情用事，过于心细；⑧固执，过于强势，不听他人建议；⑨胆小怕事，畏惧权威；⑩恃才傲物，自视甚高，我行我素，难以与集体融合。[①] 具有上述人格特质的人往往不太适合创业。

不少归国留学人员在谈到归国创业的困境时，认为创业最大的困境既不是资金问题也不是技术问题，而是“人”的问题，尤其是创业者自己的问题。薛蛮子也反复提醒创业者，“创业这个事一定要想清楚，花 90%的时间想这个项目的来龙去脉”，“本人为什么能做，而为何 13 亿人不能做，这个想清楚了非常重要，你有什么核心竞争力。哪些是你的短板，哪些是长板，每个人都牢牢记住自己的长板，绝大部分人都忽视自己的短板”，由于“人生中没有多少三五年”，所以创业前一定要“看准了这件事是不是适合你做”。[②] 可见，对于创业者来说，清醒地认识自己是否适合创业是至关重要的。

“认识你自己”这句刻在阿波罗神庙上的箴言，千百年来向世人昭示了一个颠扑不破的真理，然而，在这个世界上最难的就是认识自己。在归国留学人员创业潮中，不少归国创业人员当被问及为什么要创业时，回答有些类似：因为别人创业成功了，自己又不比别人差，所以创业也一定能成功。于是他们带着满腔热情走上了创业之路，可最后的结果却是大多数人铩羽而归。可见，“与自己差不多甚至不如自己的人都创业成功了，自己创业就一定能成功”并非一个必然的逻辑关系。创业是不能复制的，创业一定要建立在认识自己的基础之上。

与大多数本土创业人员相比，归国留学人员有着留学经历，顶着“海归”的光环，自信心和优越感往往高于本土创业人员，加之有些归国留学人员自认为拥有“较为充裕的资金”、“先进的管理经验”、“国际化背景”等优势，对创业前景盲目乐观，对创业中的困难挫折估计不足。然而就现实的中国市场来说，资金也好，经验也罢，都不足以在创业成败中起决定性作用；相反，盲目的自信会使人自我感觉良好，过分的优越感更影响自我的准确定位。这些不但对开创事业有害无益，而且有可能使自己的人生绕很多弯路。

创业不是儿戏。创业一旦不成功，轻则投资失败、错失机遇，重则倾家荡

---

① 李琼．创业未必是白领救命稻草：如何认识自己最关键．http：//www.cqnews.net/html/2010-06/01/content_4618960.htm [2011-04-12].

② 薛蛮子．创业不再是单打独斗时代，需要好的团队．http：//tech.ifeng.com/internet/special/qushi5/content-3/detail_2011_05/21/6541667_0.shtml [2011-06-22].

产、血本无归，有的人甚至还走上自我毁灭的不归路。因此，归国留学人员创业时，一定要对自己有清醒的认识，要了解自己有没有不适合创业的人格特质。“江山易改，本性难移”，如果归国留学人员发现自己个性中有不适合创业的人格特质，那么对待创业就要慎之又慎。如果归国留学人员一旦作出创业决定，就一定要扬长避短。只有有意识地克服自身不适合创业的人格特质，发展适合创业的人格特质，才有可能实现创业成功的梦想。

那么，成功的创业人员又具有哪些共通的人格特质呢？事实上，成功的创业人员往往有着不同的性格，有着不同的领导风格与工作作风：有的人热情，有的人理性；有的人开朗，有的人内敛；有的人急躁，有的人和缓；有的人固执，有的人柔软；有的人强势，有的人随和……所以很难判断出哪种性格更有利于创业成功。但由于创业活动相对复杂，需要聚拢各类资源，因此，创业者需要具备一定条件的人格特质才能吸引他人的追随与支持。据调查，投资家通常用以下 10 个“D”来评价创业家的人格特质：理想（dream）、果断（decisiveness）、实干（dores）、决心（determination）、奉献（dedication）、热爱（devotion）、周详（details）、使命（destiny）、金钱观（dollar）、分享（distribute）[①]，其中实干和决心显得格外重要，而实干和决心往往反映在创业者对事业的坚持上。

古今中外，大家、文豪们对“坚持”一词的阐释不胜枚举。世界著名大文豪列夫·托尔斯泰说：“环境越艰难困苦，就越需要坚定的毅力和信心，而且，懈怠的害处也就越大。”著名科学家爱因斯坦说：“由百折不挠的信念所支持的人的意志，比那些似乎是无敌的物质力量有更强大的威力。”《周易》也写道：“天行健，君子以自强不息……”许多站在最高成就殿堂上的杰出人物，都以其经历告诉世人，在迈向“杰出”的道路上，注定荆棘丛生。《西游记》中唐僧西天取经历经九九八十一磨难，背后昭示的也是，梦想路上的挫折是一种宿命。

归国留学人员的创业道路也不例外，一样充满着艰难险阻。在“2011 全球创业周峰会”上，创新工场创始人李开复被问到“如果要创业成功，需要哪些要素”时，李开复的回答是创业成功的第一要素就是要有“抗压力”，他认为成功的创业者和失败的创业者之间的区别往往就是“坚持”上的差别，并反复强

---

① 豆丁网．管理文章与管理理论．http：//www.docin.com/p-282034763.html [2011-11-04].

调“当你确定一个方向是对的时候，一定要坚持下去”。[①]

创业尤为不易，优米网创始人王利芬在其新浪博客上把创业比做“翻山越岭”，她认为，“创业就是要翻过一座座你并不知道何时会出现的山，而且，这些山的出现时机完全不顾你是否有翻过的体力和基本的生存保障；而且，你以为翻过山就好了，其实前面还有各种你从未翻过的不一样的山”。正因为创业过程艰辛坎坷，所以特别需要坚持精神。骐骥一跃，不能十步，驽马十驾，功在不舍。著名天使投资人薛蛮子也认为，“创业是坚持而不是维持”。“什么叫坚持？就是有一个非常好的主意，有一个非常坚硬的团队，暂时碰到了短期之内不能解决的困难，坚持下去就能胜利。”[②]

北京慈铭健康体检管理集团股份有限公司总裁韩小红也认为，“创业跟个人的承受能力、心理状态是非常相关的……创业是一个非常艰辛、非常需要耐心的过程，要放弃所有浮躁的心态，坚持地走下去，人人都会在困难当中去度过”。“事实上我们整个创业过程当中每天都会面对各种纷繁复杂的问题，创业的过程就是解决问题的过程，如果你要是不想创业，那么你就停下来，如果想创业你就要一个一个去解决，问题没有解决不了的，就看你敢不敢去解决和面对。”[③] 可见，如果一个人没有持之以恒的专注力，就不具备创业的基本素质。

陈一舟之所以成为归国创业人员的典型代表，不仅仅是因为人人网的成功，更重要的是他用了 10 多年的坚持才圆了自己的创业梦。1999 年，陈一舟、李彦宏、沈南鹏等一批海外留学人员归国创业，投身当时中国互联网创业大潮中。可是，当百度、携程旅行网取得耀眼成功的时候，陈一舟、周云帆和杨宁创办的 ChinaRen 却因资金问题被迫出售给了搜狐。在搜狐副总裁的位置上待了半年之后，陈一舟怀着“开一个价值 10 亿美元的公司”的梦想，在光通信领域开始了第二次创业。然而，这次创业却因“9·11”后美国网络运营商不愿再将资金投入基础建设而以失败告终。2002 年，陈一舟三度创业，成立了千橡互动集团，但这次创业也不是一帆风顺，千橡互动集团的发展方向数度困扰着陈一舟。但

---

① 新浪财经．高峰对话：从中美创业文化的异同谈全球创业．http：//finance. sina. com. cn/hy/20110329/15009610682. shtml [2011-03-30].

② 薛蛮子．创业是坚持而不是维持．http//finance. ifeng. com/gem/class/20110324/3744812. shtml [2011-04-12].

③ 中央电视台“新闻会客厅”．女“海归”韩小红创业路：除了胆量还要会放弃．http：//www. ce. cn/xwzx/gnsz/gdxw/200705/07/t20070507 _ 11270857. shtml [2011-04-12].

陈一舟坚信互联网领域必有一片创业的天空。当 2005 年校内网出现时，陈一舟敏锐地感觉到 SNS 是互联网创业的重要方向，开始向 SNS 领域投资。2006 年 9 月，趁校内网融资困难之际，陈一舟成功收购了校内网；2009 年 8 月，陈一舟将校内网更名为人人网，使其从校园网站发展成为面向社会公众的网站，并于 2011 年在美国纽约证券交易所上市。在陈一舟的引领下，人人网已拥有过亿真实注册用户，是中国最大的互动娱乐性社区之一，被誉为中国的 Facebook。从 1999 年参与创立 ChinaRen 到被迫出售 ChinaRen，从二次创业的失败到三次创业的坎坷，陈一舟屡战屡败，屡败屡战。直到 2011 年人人网上市，陈一舟的多年坚持终于修成正果，实现了他“开一个价值 10 亿美元的公司”的梦想。他的三次创业经历说明，在充满荆棘的创业路上，坚持是创业成功至关重要的人格特质。

可见，创业成功与否与每个创业者的人格特质有着莫大的关系，而创业者的人格特质又很大程度体现在智商、情商与逆商上。“一分耕耘，一分收获”。在竞争激烈的环境中，归国留学人员不仅要智商高、情商高，还要有超强的抗压能力，坚持“不抛弃、不放弃”的精神，才能最终创业成功。

第五章 创业机会

创业是从经济社会发展、行业趋势和市场需求中发现商业机会，并通过商业策划、生产经营、投资运营等一系列活动来把握商业机会的过程。一般来说，具有较强吸引力的、较为持久的、有利于创业的商业机会往往被称为创业机会。① 创业机会左右着归国留学人员创办的企业参与市场竞争的时空起点，影响着归国留学人员所创办企业的生存与发展。特别是归国留学人员创办的企业能否顺利度过艰难的初创阶段，在很大程度上受制于归国留学人员能否发掘与把握创业机会。

一 创业机会来源

创业往往是从发现、把握、利用某个或某些商业机会开始的。有些创业机会来自于创业者对市场需求的深度发掘。改革开放初期，我国出国人员较少，信息严重不对称，而国内外在各方面差距非常大，留学人员在海外留学期间，所见所闻与国内大不相同。在差距中发现差异，在差异中寻找中国市场的潜在需求，成了不少归国留学人员发掘创业机会的重要途径。

亚都创始人何鲁敏 1985 年赴日本进修时，他的日本老板对他说："现在的中国和第二次世界大战的日本非常相像——政策多变，经济秩序不健全，到处都隐藏着风险，但是这种环境也蕴涵着许多发展机会。今天像这样的地方只有中国和印度了。"② 何鲁敏深受触动。当他发现中国没有空气加湿产品却有空气加湿需求时，积极收集技术资料和产品资料，为日后回国创办公司生产亚都空气加湿器奠定了基础。

---

① 张耀辉．2010. 创业机会的含义与标准．http：//blog. sina. com. cn/s/blog _ 4f8e8a320100o0n9. html [2011-04-12].

② 张小平，吕金奇．2004. 加湿器老 K 何鲁敏，差点折腾死．英才，(3)：60-62.

与何鲁敏类似，奥普电器创始人方杰也比较注重学习西方国家的成熟技术与成熟产品，开发国内市场的潜在需求。方杰认为，做生意的人情商一定要高，要做那些理念在先的生意人，做人家做过的事情肯定赚不了大钱，而做别人没有做过的事才能赚钱。[①] 方杰在海外留学期间，就特别留心国内外技术差距与产品差距。当他发现国内虽然没有卫浴加热设备却有卫浴加热需求时，便将创业目标锁定在当时中国老百姓梦想拥有的卫浴间上，推出了集取暖、照明、换气等功能于一体的多功能浴室取暖器，取名为“奥普浴霸”。无论是亚都空气加湿器还是奥普浴霸，不仅从产品层面满足了我国消费者的潜在需求，提高了人民的生活质量，而且从行业角度创造了两个新的产品类别——加湿器和浴霸，大大丰富了我国工业消费品的产业类别。

还有些归国留学人员从社会潜在需求与行业发展趋势出发，从代理国外先进产品入手，一步步踏上创业旅程。德国都芳漆（中国）有限公司董事长喻恒的回国创业之路就是这样启程的。20 世纪 90 年代初，喻恒发现国内大量使用在国外已被淘汰的含有大量有毒致癌物质的溶剂型油漆时，就敏锐地意识到，这类在国外已经被淘汰的油漆不久后肯定也会在中国被淘汰，而国外正在普遍使用的水性漆产品将会有大量的市场需求。他回忆说，“我认为环保一定会是发展中的中国所必然选择的方向，在这样的背景下，水性漆的环保优势是其他油漆产品所不可比拟的，那么它就一定会在中国迎来其广阔的市场，最终我将全部的精力和资金都投入在中国发展水性漆的事业上”。1996 年，喻恒说服了以生产水性漆著称的德国梅菲特工业集团，作为中国总经销商率先将欧洲高品质环保水性漆引入中国，被媒体誉为“中国水性漆第一人”。[②] 在作为总经销商期间，喻恒注册了“都芳”商标，拥有了都芳漆品牌，从而控制了梅菲特（北京）涂料有限公司 80%的股权，成功实现了从代理商向创业者的转型。在实践中，中国早期归国创业人员比较注重发掘社会潜在需求，倾向于引入国外成熟技术或先进产品启动自己的创业征程。

北京土人景观与建筑规划设计研究院（后更名为“北京土人城市规划设计有限公司”，简称土人设计）创始人俞孔坚则通过发掘国内快速城市化过程中对

---

① 于颖．访奥普方杰：以品牌开创行业改变中国洗浴观念．http：//home. focus. cn/news/2010-03-17/167604. html [2011-04-12].

② 王辉耀．2007．缤纷海归：百位海归谈事业与人生．北京：中国发展出版社．

园林景观设计的潜在需求找到了自己的创业方向。俞孔坚 1995 年获得哈佛大学设计学博士学位后，发现改革开放后中国城市化进程虽然在加快，但是国内在城市景观设计方面几乎还是空白，便决定回国。他一边在北京大学执教，另一边以园林景观为切入点开始了自己的创业历程。俞孔坚深知，随着城市规模的日益扩大，工作生活在钢筋水泥丛林中的人们对大自然的向往会更加强烈。针对城市中工作生活的人们与自然亲近的需求，俞孔坚创立了北京土人景观与建筑规划设计研究院，引入国外先进的城市景观设计理念，着手设计人与自然和谐相处的居住环境。经过多年的发展，土人设计业务已从单纯的园林景观设计走向了全方位的城市规划，在国内外完成了大量规划设计项目。截至 2011 年 11 月，土人设计已先后获得 8 次全美景观设计师协会年度大奖，3 次世界建筑节最高景观奖，2 次世界青年建筑师奖，5 次中国人居环境范例奖，成为一家享誉海内外、引领国际设计潮流的规划设计公司。① 俞孔坚本人亦因带回并推广了先进的城市景观设计理念成为中关村留学人员回国创业的佼佼者。

随着近年来国内外技术差距的快速缩小、信息交流的日益丰富、市场竞争的日趋激烈，早期归国创业人员仅靠引入与改进国外先进技术与产品满足消费者潜在需求即可创业成功的时代一去不返。归国留学人员又如何在激烈的市场竞争中发掘传统产业的创业机会呢？此时，归国创业人员创业领域的选择变得至关重要，只有在自身积累的基础上，准确把握时代脉搏，周详观察市场态势，深入洞悉各方需求，寻找亟待解决的市场问题，才能找到适合自己的创业起点。

尽管 21 世纪的中国，市场竞争日趋激烈，与国际差距也越来越小，归国留学人员开创事业难度越来越大，部分归国留学人员创办企业不得不在市场的夹缝中寻求生存发展空间。但在国家需要的领域，归国留学人员的高技术创业还是有很大的机会的。北京加华博来科技有限公司（简称加华博来）创始人陈明彻的创业经历就说明了围绕社会迫切需要解决的问题发掘创业机会的重要性。1998 年前后，陈明彻就开始自主创业，但是半年后钱花完了，技术也不见成果，他迫不得已转行去做国际贸易。直到 2002 年，受到一则矿难新闻的触动，陈明彻决定二次创业。陈明彻注意到，中国矿难频发和伤亡人数惊人不仅是人们热议的焦点问题，而且也是国家迫切需要解决的重点问题。如何监控矿难，加强预警？如何通过预警减少损失？陈明彻把关注的眼光聚焦于煤矿“瓦斯报警系

① 土人设计官网．公司简介．http：//www.turenscape.com/about/index.php［2012-07-27］.

统”上。2005 年 3 月，随着名为“应天星”的瓦斯报警系统研制成功，陈明彻创办的加华博来也正式落户北京。如今，加华博来已申请了 20 项国内专利，不仅成为红外瓦斯报警器领域的明星企业，而且在光机电一体化领域拥有国内外资源双向整合能力。分析自己的成功，陈明彻一语道破其中原委，“成功的原因就是在于别人做不了的我们做，别人不想做的我们也做”[①]。正是抱着以解决问题为前提的创业目的，陈明彻在二次创业中一步步走向了成功。

从本质上看，创业就是通过一系列商业运作来满足市场需求的过程。换言之，创业一定要尽可能找到某些人的某类需求，并通过商业化行为满足这些需求。当市场不能满足某些人的某类需求时，市场往往就会出现空白。当市场出现空白，也就是遇到所谓的“问题”时，恰恰可能孕育着潜在的创业机会。因此，创业者寻找创业机会的一个重要途径就是善于发现自己和他人在需求方面尚未得到有效满足的问题。携程旅行网、如家酒店创始人沈南鹏认为“与既往的纯技术创新不同，在中国，应该倡导将创造性的、革命性的技术与中国本土市场更好地结合起来，实现更好应用的公司。这些公司既可能会在生活消费等传统行业内出现，也可能在互联网等新兴行业出现。关键在于要在技术和中国的用户需求之间找到非常好的结合点，让技术在市场上得到最大的利用”[②]。在实践中，无论是民众需求还是国家需求，一旦把握住需求，创业成功的概率就会大很多。大多数成功的归国留学人员创办企业都比较重视用户体验，能“想人之所想，急人之所急”，围绕民生需求和国家需求发掘创业机会，针对市场空白开展创业活动。他们提供的产品和服务往往比较接地气，从而拥有了广阔的市场前景。

除了归国留学人员自身深度挖掘市场需求外，国家与地方政府对产业发展的深切渴望也为归国留学人员提供了高技术创业的机会。一些掌握着核心技术或有着深厚行业经验的海外留学人员成为国家与地方招才引智计划的重点对象。

20 世纪 90 年代末，芯片核心技术的缺失是制约中国 IC 产业发展的重要瓶颈，中国需要“中国芯”来改变 IC 产业发展困境，在多方寻找后，在美多年的邓中翰因其突出的经历和业绩受到了中国政府的青睐。1999 年，在信息产业部

---

① 马文良 . 2010-03-22. 陈明彻：不像企业家的创业者 . 中国高新技术产业导报，第 B4 版.

② 马静婴 . 沈南鹏解读另类创新 . http：//finance. caixin. com/2010-06-26/100155845. html [2011-04-16].

电子发展基金1000万元风险投资的支持下，邓中翰在中关村成立了中星微电子，随之"星光中国芯工程"迅速起步。中星微电子的迅猛发展，打破了国外芯片的垄断地位，提升了我国在核心技术领域的国际地位。邓中翰本人也因其在芯片领域的突出贡献于2009年成功当选中国工程院院士，成为我国最年轻的中国工程院院士。

如果说邓中翰的归国创业主要由于中央政府的力邀，那么施正荣的归国创业则彰显出地方政府的诚意。2001年，无锡市有关考察团在澳大利亚对施正荣的太阳能光伏项目产生了浓厚的兴趣，力邀施正荣赴无锡创业。被无锡市政府的诚意打动，施正荣辞去了澳大利亚的工作，带着妻子和孩子回到无锡创业。当时，无锡尚德的注册资金为800万美元，其中无锡政府牵头8家当地企业联合投资600万美元，施正荣以技术股和40万美元占25%的股份。在无锡市政府的大力支持下，施正荣统率的无锡尚德迅速成为太阳能光伏领域的领军企业，而仅投入40万美元现金的施正荣随着无锡市国有股份的主动退出，逐步控制了无锡尚德50%以上的股份。随着无锡尚德的上市，施正荣凭借其控股地位一度跃升中国首富。其间，无锡市政府给予的全方位支持功不可没，因此，与施正荣相关的财富现象也被当时的部分媒体戏称为"首富政府造"①。尽管无锡尚德目前已陷入破产重组的困境，地方政府介入市场的行为也受到一定的质疑，但是，施正荣的传奇经历依然折射出地方政府的支持与扶植对归国留学人员创业有着重要影响。

有些创业机会来源于变化，这些变化往往与技术变革、政治制度变革、社会经济变革有关。归国留学人员最擅长捕捉基于技术变革的创业机会，许多技术新贵都选择在发生IT革命的互联网领域创办公司。

20世纪80年代末，新技术革命席卷美国，技术变革引起了整个产业形态的巨变。美国作为信息革命的发源地，IT技术迅猛发展，不少海外留学人员利用互联网与国内联系，成为最早上网交流的互联网用户。当互联网成为美国人交流与工作必不可少的工具时，国内互联网还处于实验室阶段，直到1996年中国才开始在全国范围内提供计算机互联网络服务，这期间国内外在互联网技术上形成了巨大的信息势差和技术势差。田溯宁、丁健、张朝阳等一些先知先觉的归国留学人员被IT技术迅猛发展的态势震撼，对信息高速公路的发展前景充满

---

① 何伊凡. 2006. 首富政府造——自主创新的"尚德模式". 中国企业家，(6)：36-49.

信心。他们在变化中看到了未来发展的方向，预见到互联网领域有着无限的发展潜力，而中国互联网产业更有着巨大的成长空间，遂迅速踏上了回国创业的旅程。他们利用在美国获得的信息优势与技术优势成为中国互联网创业潮中的第一波弄潮儿。

互联网时代被誉为英雄辈出、创造奇迹的时代，一批归国留学人员顺应 IT 产业发展趋势，充分利用国内外信息势差与技术势差，在互联网领域取得了巨大的成功，成为令人瞩目的知识英雄与财富英雄。张朝阳回忆早年创业情景时说，“那时我就觉得，当今时代有两大趋势——Riding the waves of our times, one is the coming of age of the information superhighway, another is the mergence of China as a global power（顺应我们这个时代最伟大的两个潮流，一是信息高速公路时代的到来，另一个是中国作为全球大国的崛起）”。这两句英文被张朝阳写在了他的首份商业计划书——“中国在线”的封面上。那时大部分中国人还不知道互联网为何物。根据中国互联网信息中心（CNNIC）的统计数据，1996 年中国的 CERNET 到美国的国际线路带宽仅仅 2M。即便到了 1997 年 10 月 31 日，中国也只有 29.9 万台计算机上网，只有 62 万网络用户及可怜的 1500 个互联网站点，那时的国际出口带宽也仅为 25.408M。可是感受到互联网独特魅力的张朝阳此时已非常看好互联网在中国的发展前景，在国内并没有太多资源的张朝阳决定顺应内心的感受，回国创办网络公司。[①]

百度创始人李彦宏早年在美国留学时，其导师对他说过的一句话，对他产生了重要的影响：“搜索引擎技术是互联网一项最基本的功能，应当有未来。”因为这句话，在当时互联网还没有普及的时代，李彦宏转变了自己的专业方向——从专攻计算机转向对信息检索技术的研究，他结合自己学习的页面链检索技术，发明了“超链分析技术”。后来，李彦宏去 Infoseek 上班，在那里他见识了一个每天支持上千万流量的大型工业界面信息系统的工作流程，由此研发出了第二代搜索引擎技术。当 1999 年回国时，他发现自己苦心钻研的搜索领域是当时中国互联网创业的空白区域时，便对自己的未来发展重新进行了规划，2000 年回国创立了百度。历经 10 多年时间，百度从最初不足 10 人发展成员工人数超过 10 000 人的大型综合性中文网站，成为全球最大的中文搜索引擎。2011 年 11 月，李彦宏在从北京大学毕业 20 周年之际受邀重回母校，虽然着重

① 杨阳. 2007. 张朝阳：互联网的 1996. 经济观察报，第 47 版.

谈到了创业的艰辛，但是他认为自己是生逢其时才能取得成功。他坦承只有这个时代才能做成这样的事情。[①]

与张朝阳、李彦宏先后创业的还有陈一舟、周云帆、杨宁、季琦、梁建章、沈南鹏、莫天全、俞渝等归国留学人员。IT 革命赋予了他们罕见的时代机遇，既使他们获得了前所未有的高技术创业机会，也使他们有幸成为叱咤风云的时代骄子。

有些创业机会来自对竞争对手的模仿与超越。在互联网领域，很多好的创意都来自于美国，张朝阳的搜狐参考了雅虎，俞渝的当当模仿了亚马逊，李彦宏的百度学习了谷歌……陈一舟更是善于模仿且勤于模仿的高手。在首次创业时做的 ChinaRen 校友录，就是陈一舟模仿一家美国网站的成品做成的。再回顾千橡互动集团的发展历史，不难发现这家公司的所有产品不是收购得来，就是模仿得来。陈一舟认为“创新的能力是很稀缺的”，既然创新那么难，就不如走捷径，或者收购现成企业，或者模仿成功企业。2005 年，陈一舟看到了 SNS 的发展前景，模仿校内网创办了 5Q 网，后来通过收购校内网整合 5Q 网，形成了现在的人人网。2006 年，陈一舟拿到一大笔风险投资后，更一口气把 MySpace、Facebook、YouTube、Cragslist 都模仿了个遍。虽然后来因资金紧张，放弃了对 YouTube 的模仿，但陈一舟至今都认为自己眼光准确，学 YouTube 绝对是个好主意。[②]

与第一波互联网创业潮中通过抢滩圈地即有可能获得成功不同，21 世纪的互联网创业难度要大很多。陈一舟认为“互联网上第二波创业者肯定比第一波更难成功，上一波创业时，哪里都是空地，你占一片就可以。但现在，已经有几个大城市了，我们只能做游击队，一边找几片相对肥沃的草地，逐渐变成小村庄，再变成城市；一边还要寻找其他草地”[③]。

与此同时，随着国内外信息差距与技术差距越来越小，以马化腾、马云、刘强东、周鸿祎为代表的本土创业者迅速崛起，在互联网领域表现出超强的竞争能力。随着腾讯、淘宝、京东商城、360 安全卫士等本土网站成长为各自领域的标杆企业，21 世纪归国留学人员的互联网创业之旅注定要艰难许多。

---

① 腾讯科技．百度 CEO 李彦宏：靠创业挣钱是最艰难的路．http：//tech. qq. com/a/20111109/000341_3. htm [2011-11-09].

② 杨轩，陈一舟．一个 ChinaRen 的肖像．现代商业，(19)：44-45，47-51.

③ 朱旭东．2011. 陈一舟的蜕变．环球企业家，(11)：59.

在流行丛林文化的中国互联网产业中，要想在激烈的竞争中胜出绝非易事，有这么一句业内流传甚广的话：“当你要创业时，要看看强大的腾讯在做什么，如果腾讯也想做和你一样的产品，那么最好不要碰它。”在《创业家》杂志组织的黑马大赛中，也经常会问一个问题：“如果你的这个项目腾讯也做了，你该怎么办?”这些话一方面说明腾讯的强大，另一方面也说明腾讯在其所涉及的领域没有留给其他对手太多发展空间。相反，其他创业者的创意和发明随时可能被腾讯这样的互联网大佬们学习、模仿甚至超越。腾讯的故事告诉归国创业人员，竞争对手能否进入自己的领域，自己又能否进入对手的领域，对创业成败至关重要。如果你拼命杀入的领域不久将被强敌环绕，即便你采用的是最新的技术和最新的商业模式，创业也可能历尽艰险最终遭受灭顶之灾。但即使在相对狭窄的市场空间中，如果能及时发现竞争对手的缺陷与不足，也有可能抓住创业机会，通过业务开拓和市场开发超越对手。

迅雷公司创始人邹胜龙就是超越竞争对手的典范。邹胜龙 2002 年率领迅雷公司进入数据下载市场时，发现这个市场已有众多厂商盘踞。其中网际快车产品占有将近 90%的市场份额，俨然是当时的行业老大。进入市场晚，而且市场中有绝对老大，是不是这个市场就没有创业机会了呢?邹胜龙并不这样认为。他通过仔细的观察与研究，发现网际快车产品更新周期较长，难以满足互联网用户对更新的体验与要求。他敏感地意识到迅雷公司在数据下载市场仍然有着很大的发展机会。2005 年，迅雷公司采用搜索引擎辅助下载技术，推出了迅雷下载产品，并将产品发布周期确定为两周左右，以突出其“速度制胜，服务为王”的产品理念。迅雷下载产品在满足用户更新需要的同时极大地照顾到了用户的体验，在短短数年时间内以迅雷不及掩耳之势快速发展起来了，并将网际快车远远地甩在了身后，成为全球拥有最多客户的数据下载产品。

迅雷公司超越网际快车的过程，正是抓住竞争对手的弱点从而超越竞争对手的过程，同时也充分反映了在竞争惨烈的互联网领域“曾经的第一不一定是永远的第一”。相反，要想基业长久，不仅要抓住超越竞争对手的机会，也要时刻保持清醒头脑，防止被竞争对手超越。

在创业领域有一句流传颇广的名言：“只有饱和的产品，没有饱和的市场。”这句话意味着，无论在一个竞争多么激烈的行业，只要创业者们善于观察市场，分析行业内竞争者状况，就一定存在着可以利用的创业机会。很多创业机会是因竞争对手的失误而“意外”获得的，如果能及时抓住竞争对手策略中的漏洞而大做文章，或者能比竞争对手更快、更可靠、更实惠地提供产品或服务，也许就找到了创业机会。

尽管归国留学人员创业机会来源有所不同，但他们归国创业的大时代背景却是相同的，那就是中国经济社会的快速发展使海外留学人员归国创业成为一种潮流。海外留学人员宁肯放弃国外优越的物质生活，选择回国创业，除了爱国思乡之情外，在很大程度上归因于中国经济社会发展所取得的巨大成就与中国广阔市场所展现的无穷潜力对他们产生了强大的吸引力。

经过数十年的改革开放，我国各项事业都取得了丰硕的成果，社会事业长足进步，人民生活水平明显改善，国际地位不断提升。中国不断增强的综合国力和广阔的国内市场为优秀人才提供了展现个人才华的舞台，再加上全国各级政府的优惠政策与重点资助，使得大量海外留学人员选择归国创业。

欧美同学会副会长兼商会会长王辉耀表示："留学人员回国发展从来没有像现在这么多的机会，也没有这么广阔的施展才华的舞台。"他在美国哈佛大学作的一项合作研究表明，越来越多的海外留学人员希望回国。调查发现，90%的中国留学人员称，经济机会是他们回归的最重要原因；51%的留学人员认为，能为祖国经济发展作贡献，也是他们回国的重要原因；59%的留学人员觉得，在祖国的生活品质优于或等于他们在美国的生活品质；76%的留学人员认为，祖国市场重要。①

面对中国快速发展的历史机遇，很多胸怀大志的海外留学人员认为，回来积极参与绝对胜过在海外远远旁观。清华大学生命科学院院长施一公颇有感触地说，"中国在全速发展，国内的同龄人脚踏实地地推动着她的前进；我不想只做一个大洋彼岸的旁观者。回国前，我是巨变的旁观者，偶尔挽挽袖子帮帮忙。现在，我是巨变的参与者，是主人翁!"② 在归国创业适逢其时的时代，不少成功的归国留学人员表示，在最好的时机选择了最好的地方创业。正是波澜壮阔的时代与正在崛起的大国造就了"天时地利"，赋予了他们各种各样的创业机会，帮助他们成就各种各样的创业梦想。

可见，快速增长的中国市场为归国留学人员提供了很多开创事业的机会，

---

① 刘祖华．2011-10-17．"中国梦"掀起留学人才回国创业潮．中国组织人事报，第03版．

② 施一公．归来吧我的朋友们——与海外朋友分享我的归国心路．http：//blog.sciencenet.cn/home.php? mod=space&uid=46212&do=blog&id=387684［2011-04-18］.

加上全国各级政府为归国留学人员提供了其他国家比较罕见的优惠政策与贴心服务，使归国留学人员在祖国日新月异的发展中找到了自己施展才华和抱负的舞台。伴随着中国崛起的步伐，回国创办高科技企业的海外留学人员越来越多，大批归国留学人员创办的明星企业正在见证着中国高新技术产业的发展速度。

二 创业机会把握

创业机会本质上是一种商业机会，但商业机会并不一定就是创业机会。即使人们发现了商业机会，如果没有及时把握的话，就无法将其转换成创业机会。俗话说“机不可失，时不再来”。在激烈的市场竞争中，创业机会往往稍纵即逝。作为创业者，最难能可贵的地方就在于他不仅能发现其他人看不到的创业机会，而且还能迅速采取行动把握创业机会。但在现实中，识别与把握创业机会绝非易事。

《创业邦》杂志曾发表过一篇名为“十大创业困境”的文章，提到创业者面临的创业困境之一就是“时间点，进入还是等待”①。从文章对创业者的调查分析结果来看，所有的创业者几乎都不约而同地将“时机”列为创业第一不可控因素。的确，创业还是不创业？如果选择创业的话，何时是创业的最佳时机？……创业机会的把握与创业时机息息相关。

在 2011 年“首届真格基金留学生创业论坛”上，创新工场创始人李开复发表了主题演讲。他自嘲自己 48 岁出来创业，堪称“中国最老的创业者”。尽管创业很晚，但他深深感受到在中国创业是非常正确的事情。作为著名的业界精英，李开复为什么至今没有创办出了不起的企业？他自己分析原因有很多，其中之一就是没有生逢其时。“如果早生个七八年，就能像斯蒂夫·乔布斯、比尔·盖茨一样赶上美国的 PC 革命。而像李彦宏、张朝阳一个时代的这些创业人，又恰恰比我小了 7～10 岁，我正好卡在两者中间，做 PC 太晚，做互联网又太早了。”在李开复看来，创业成功一个最重要的因素就是要生逢其时。当前的中国市场，对于归国创业人员来说，应该是一个不容错过的良机——中国在崛

---

① 成远，刘明君．《创业邦》封面故事：十大创业困境．http：//www.cyzone.cn/magazine/articles/1432 [2011-04-19].

起，互联网依然在迅猛发展，人们生活水平在提高，消费观念在改变，购买能力在增强，这一切都给创业者提供了无数的创业机会。如何把握住创业机会？作为一个过来人，李开复认为创业者要在“正确的时间做正确的事情”，两者缺一不可。他举了两个例子：谷歌早做五年可能很难成功，因为在那个阶段没有谷歌创业时那样的技术基础，晚做五年也可能很难成功，因为很多公司会抢先发现和利用存在的创业机会；再如新浪微博，如果早五年出来，可能无法取得当前的成绩，因为当时的移动通信技术和手机功能尚不能支持微博的发展，如果再晚五年可能已经来不及，会有很多微博出来占领了先机。李开复强调，归国留学人员创业成功的关键在于“把握正确的时机，不要思考太多，把握住方向就跳进去”[①]。

现实中，成功的归国留学人员往往在发现创业机会和把握创业机会方面有着过人之处。以互联网为代表的新经济的发展，给海外留学人员带来了无与伦比的创业契机。

20 世纪 90 年代，张朝阳、李彦宏等留学人员身处海外，较早感受到 IT 技术的魅力，他们应时而动，顺势而为，率先在互联网领域抢滩夺地，创办了搜狐、百度等知名企业，一时间风光无限。而互联网作为新经济的代名词，即使在中外 IT 技术相差无几的今天也依然充满着创业机会。随着移动化、社交化、电子商务化发展趋势，互联网发展潜力无限，再加上中国市场巨大，有相对公平、潜规则较少的创业环境，互联网领域与国资牵连较少，VC/PE 体系相对完整，中国创业和工程人才优秀并且成本较低等因素[②]，许多留学人员深信互联网领域永远会有新的机会。

具有敏锐商业嗅觉的归国留学人员往往能提前感知趋势，有效把握机会。尽管互联网领域新机会很多，但是同类创业机会往往不会反复出现，关键创业机会一旦失之交臂，就难以失而复得。

校内网、海内网、饭否网和美团网的创始人王兴曾经说过，传统行业创业好比登山，互联网创业好比冲浪。山总在那里，你总有机会。但是浪是一个接着一个，错过了这波浪，就永远没机会了。[③] 王兴个人曲折的创业经历恰恰是对

---

① 李开复．破解海归创业的三大密码．http：//www.iceo.com.cn/renwu/46/2011/0531/219116_3.shtml [2011-04-20].

② 刘佳．2012-07-16．创新 IT CEO 李开复：中国目前特别适合 IT 创业．北京商报，第 03 版．

③ 薛芳．2011．王兴．纵情向前．南方人物周刊，(16)：94.

上述阐述的最好例证。王兴最初效仿Facebook创办了校内网，在SNS领域搏下了一片天空，但随后就因资金短缺、商业模式不清晰等问题不得不将校内网出售。之后，他又效仿Twitter创办了饭否网，在微博客领域声名鹊起，而此时新浪微博还未开张，饭否网也一度风光无限。几乎在同时，他又创办了面向白领的海内网。然而由于饭否网被关闭，海内网被开心网超越，他又不得不回到了事业的起点。直到2009年，他抢先推出团购网站——美团网，从团购生意中重新崛起。王兴非常善于捕捉创业机会，他总是能看准互联网创业的新趋向，无论SNS、微博，还是团购，他都赢得了发展先机。尽管他创办的校内网被卖，饭否网被关，海内网被超越，但王兴对创业机会的超强敏感使之成为中国互联网界的风云人物。王兴做什么样的网站，就会有一批网站随之产生。当王兴做校内网时，就有5Q等网站跟进；当他做饭否网时，就有新浪微博等跟进；当他做海内网时，就有开心网等网站跟进；当他2009年3月12日宣布美团网上线时，没过几天，相似团购网站便纷纷涌现：3月14日窝窝团上线时，3月15日F团上线，3月16日拉手团上线……之后更有数百家网站跟进，一时形成团购网站创业热潮。

相对于王兴，收购校内网的陈一舟不仅擅长发现机会，更擅长抓住机会。杨轩在《一个ChinaRen的肖像》中这样描述陈一舟：在会议演讲、采访和日志中，陈一舟历数了他判断正确的事例，他早在2005年时就判定游戏是个值得做的领域；2006年时预测到了美国房产有泡沫；2007年时就意识到了朋友间相互推荐商品和店铺这种社交化广告的威力……对于陈一舟来说，互联网机会层出不穷。SP做了不到一年，他觉得做SP的上游CP（内容提供商）将更有利润空间，于是他做了一家韩国式“花里胡哨”风格的社区网站。一年内，他又做了下载加速器等三个客户端软件。之后的一年，他把正在做一个交友网站、拉到了1000万美元风险投资的师弟拉过来加入自己的公司，并且又收购了几家网站。再之后的一年，他又融到一笔钱，并在5个月内推出了3个各不相同的新网站和1个新的猫扑产品线。陈一舟在自己的日志中写道，“看到了机会没去做等于没看到”。被问到自己的特别之处是什么时，陈一舟说，“我比较能折腾”。[①]在实践中，大多数成功的归国创业人员，都是捕捉创业机会的好手。

创业机会的把握也与创业者个人能力素质密切相关。在国内高技术创业恰

---

① 杨轩．2011．一个ChinaRen的肖像．第一财经周刊，（23）：59.

逢其时的背景下，一些优秀的归国留学人员不仅能洞悉到中国经济快速发展过程中涌现出的创业机会，而且本身也具有深厚的能力积累，在高技术创业方面展现出得天独厚的优势。

2011 年 12 月，福布斯公布了 2011 年中国重大 VC 投资项目 25 强榜单，其中红杉资本创始人沈南鹏被列为投资人榜单第一名。沈南鹏不仅善于识别创业机会，而且凭借其超强的融资能力往往能有效把握创业机会。1999 年，沈南鹏与季琦、梁建章、范伟等人创办了专注旅游服务的携程旅行网。在完成第一轮 50 万美元的融资后，携程旅行网并没有赢利，资金也非常紧张。当时身为首席财务官的沈南鹏发挥其出色的融资能力，于 2000 年 3 月引来了以软银集团为首的 450 万美元的第二轮融资，于 2000 年 11 月引来美国凯雷集团 1100 万美元的第三笔投资……在风险投资的支持下，携程旅行网成功度过了互联网泡沫破灭的灰暗时期，并通过收购售票处、入股酒店等方式实现了线上线下业务的有机整合，很快在同类网站中脱颖而出。随着携程旅行网规模的迅速扩张，携程旅行网在成立四年后成功在美国纳斯达克上市。

在携程旅行网取得初步成功的 2002 年，沈南鹏与季琦、梁建章等人又踏上了二次创业之路，创办了如家酒店。沈南鹏再次发挥其出色的融资能力，为如家酒店引入大笔风险投资。在风险投资的支持下，如家酒店得以迅速扩张，同样在成立四年后成功在美国纳斯达克上市。

在携程旅行网和如家酒店的发展过程中，沈南鹏因其融资能力立下了汗马功劳。2005 年，沈南鹏加入红杉资本，出任红杉中国的创始合伙人，先后在高技术领域投资了新浪网、阿里巴巴、万学教育、京东商城、豆瓣网、诺亚财富、高德软件、乐蜂网、奇虎 360、大众点评网、中国利农集团、乡村基、斯凯网络、博纳影视、开封药业、秦川机床、快乐购、蒙草抗旱、匹克运动等多家具有发展潜力的公司。2010 年，凭借 9 单投资项目在国内外资本市场顺利实现 IPO，沈南鹏及红杉资本在国内创投界独占鳌头，成为当年中国创投界最大的赢家。

无锡尚德施正荣则凭借其在太阳能光伏领域的深厚积累获得了无锡政府的青睐，把握住了太阳能光伏产业重要的创业机会。2001 年在无锡政府的盛邀下，施正荣回国创业。在无锡政府的大力支持下，无锡尚德迅速发展，将中国光伏产业与世界先进水平的差距缩短了 15 年，紧随其后的江西赛维、天威英利、CSI 阿特斯、江苏林洋等光伏企业也迅速崛起，近年来先后有 10 多家光伏企业在海外上市。施正荣的成功与其有效把握中国崛起和地方发展给予的创业机会有关，更与其突出的个人能力密不可分。尽管近年来受全球经济下滑及欧美国家和地区对中国光伏产业“双反”调查的影响，我国光伏产业发展受到重创，无锡尚德亦因重大战略失误正处于破产边缘，施正荣个人操守也饱受争议，但是对于有才华、有积淀的归国创业者来说，中国依然有着很大的创业空间。

启明星辰创始人严望佳的成功与其人生履历和战略眼光密切相关。因为较早在海外接触到网络安全技术，她成为提前洞悉网络安全领域创业机会的创业者。她回忆道：“我博士毕业那时，网络行业在美国简直是炙手可热，非常诱人。当时国内信息化的速度也令人振奋，但信息安全领域却很‘生僻’，这让我很惊讶。国家的信息安全是一件大事，肯定不能假手于人，应该只能由中国人自己来做。我 1996 年 6 月博士毕业就回到北京创办启明星辰，我相信中国的信息化会迎来一个全新的时代。”① 严望佳在我国信息化时代还没有到来的时候就感知到了信息安全对国家的重要性，其前瞻性思维与敏锐的商业嗅觉为她找到了正确的创业方向，她亦紧紧把握住了信息安全领域的创业机会，将启明星辰发展成网络安全技术领域的领军企业。

俗话说，“机会总是留给有准备的人”。像施正荣、严望佳这样的留学人员很多，他们在国外积累了大量的专业知识与行业经验，具有很强的能力，为其开拓事业打下了坚实的基础。与此同时，他们聚焦其所擅长的领域，把握顺应行业发展趋势的创业机会。正如德国都芳漆（中国）有限公司董事长喻恒所说：“无论做任何事情，一定要有方法，要学会聚焦。就像阳光如果不聚焦甚至无法穿透一张薄纸，只有学会聚焦，才能让我们离成功更近些，这一点，在创业的路上显得尤为重要。”② 喻恒认为，聚焦市场，聚焦产品，聚焦客户，真正地把市场做细致，才能发现创业机会，才能创业成功。

相对于本土创业人员，归国创业人员在把握创业机会方面有着独特的优势。有的归国留学人员是掌握最新科技成果的高科技人才，有的归国留学人员是拥有发明专利的科学家，有的归国留学人员拥有先进的管理经验，有的归国留学人员拥有广阔的人脉关系……成功的归国创业人员大多依靠自身积累与特有资

---

① 梁昌杰，王汉超．2009-10-14．回国参与绝对强过海外旁观．人民日报，第 10 版．

② 喻恒．2007．我的金钱观：口袋里有钱，心里没钱．中国经济周刊，(46)：56．

源，及时从行业趋势与市场变化中发掘创业机会，紧紧把握时代赋予的创业机会，在满足行业需求与市场需求的同时实现个人的创业梦想。

创业本身就是高风险活动，需要创业者与创业机会的有机结合。创业机会不仅决定了归国留学人员高技术创业的起点，而且在很大程度上影响着归国留学人员创业的成败，因此，识别和把握创业机会是每一个归国留学人员开创事业的关键所在。

第六章 创业组织

归国留学人员创办企业的过程，本质上也是创建与经营创业组织的过程。创业组织既是归国留学人员开创事业的平台，也是归国留学人员综合运用创业资源的载体，其组织机制与运行效率对企业的成长与发展有着深远的影响。一个运行高效的创业组织不但能充分发挥自身优势，弹性面对市场变化，而且能有效组织企业内部资源，有力吸聚企业外部资源，引领企业走向成功。对于归国创业人员来说，从创建企业到运营企业，其间的战略构想、股权结构、管理制度、人事政策、财务制度和企业文化等都与创业组织密切相关。由于所有的创业资源都需要通过创业组织来整合，所有的创业活动最终都要通过创业组织来实现，所以，创业组织的创建与运营对于归国留学人员创业来说非常重要。

一 创业组织创建

哈佛大学拉克教授讲过这样一段话："创业对于大多数人而言是一件极具诱惑力的事情，同时也是一件极具挑战性的事。不是人人都能成功，也并非想象中那么困难。但任何一个梦想成功的人，倘若他知道创业需要策划、技术及创意，那么成功已离他不远了。"[①] 的确，创业是一项复杂的系统工程，需要创业者在创建企业时就有一定的战略规划和制度设计，才能将创业梦想变成创业现实。

归国留学人员在创建企业时，对企业未来发展往往有一定的规划。有人说："人是看多远走多远，而不是走多远看多远。"比尔·盖茨也曾说过："我从来都是带着望远镜来看这个世界的。"成功的归国创业人员往往有着超前的战略思维。

创业，战略方向至关重要。在 21 世纪初的互联网发展低谷时期，百度从一

① 张天桥，侯全生，李朝晖．2008．大学生创业第一步．北京：清华大学出版社．

开始就能够迅速地在国内搜索领域站稳脚跟，与李彦宏对搜索引擎技术商业化战略方向的把握有着莫大的关系。

李乐天在《李彦宏商业谋略缔造百度神话》一文中介绍了李彦宏对百度发展战略方向的把握：在李彦宏刚着手创办百度的时候，国内也有“搜索客”、“悠游”等为数不多的专业搜索引擎公司。同时，一些门户网站，如搜狐等，也在研发自己的搜索引擎业务。但这些搜索引擎公司往往只是着重于向客户销售搜索引擎软件及系统，而门户网站则仅仅是把提供免费搜索引擎服务当做提高访问量的工具。李彦宏看到了需求与供给之间的问题——销售整个软件或系统给客户往往会因为价格和后续服务产生问题：对于客户而言，一次性花大价钱购买一套搜索引擎经济上不划算，况且由于产品出售后维护往往也是问题，所以很多客户一度拒绝搜索引擎。于是百度采用了美国已有的 Inktomi 公司模式——按照客户网站的访问量进行收费的方法，如此一来无疑减小了客户们承担的经济压力，为此，百度曾旗帜鲜明地喊出了“在你成功的背后”的口号。就这样，与流量挂钩的付费模式很快受到各大门户网站的欢迎。同时，李彦宏在搜索技术上的顶级专业资源，也为公司的专业性提供了足够的保证。在百度推出不到 5 个月的时间里，几乎所有大的门户网站都成为百度的客户。然而，好景不长，互联网的冬天在 2001 年来临。随着各大网站自身陷入生存危机，搜索服务也成为各大网站可有可无的“花瓶”。①

百度面临着客源锐减的困境，此时，李彦宏不得不重新选择百度的战略方向。他顶住投资人的压力推出为公众提供搜索服务的百度网，开创了“竞价排名”的商业模式。正是李彦宏关键时期的关键性战略决定使百度从后台走向了前台，从网站服务商变成了专业搜索门户网站。依托于领先的搜索技术和准确的商业定位，百度很快聚集起大量的人气与资金，步入了快速发展的轨道。

20 世纪 90 年代初，当德国都芳漆（中国）有限公司创始人喻恒发现代表环保方向的水性漆在中国还鲜为人知时，便开始致力于将水性漆引入中国。1996 年，喻恒成功地说服了以生产水性漆著称的德国梅菲特工业集团，成为其水性漆产品在亚洲区唯一的总经销商。在合作之初，喻恒就向德国梅菲特工业集团提出，“你既不用给我租房子，也不用投广告，但是你眼光要放长远，在一段时

---

① 李乐天 . 2006. 从制造百度营销、股价神话到 PK 掉 Google 野心：李彦宏商业谋略缔造百度神话. 人力资本，(10)：12-21.

间之内不要把赚钱放在首位。这样，我就能打开中国市场。而且，我要在中国注册商标”。合作伊始，喻恒就表现出超凡的战略考量。他放弃了德国公司的现金支持，坚持自己在中国注册产品商标的权利，选择了一条与普通代理商不同的创业道路。通常，当国外厂商想进入中国市场而又对中国市场不甚了解的时候，他们经常会选择比较了解国内情况的留学人员代理他们的产品。但当他们的产品在中国有了市场后，不少国外公司会收回产品代理权，许多留学人员因为手中缺乏谈判筹码，往往会陷入“无货可代”的窘境。喻恒却不同，他自己注册了都芳商标，自己组建了营销队伍，赢得了都芳漆在中国的实际控制权。在喻恒的不懈坚持和持续推广下，都芳漆以其环保性率先获得了高端市场的认可，从中华世纪坛、北京奥运会运动员村到北京饭店贵宾楼的总统套房，都芳漆已成为人们熟悉的高端环保漆品牌。伴随着都芳漆品牌的深入人心，梅菲特工业集团不得不接受喻恒已经实际控制中国市场的事实。为了进一步拓展中国市场，梅菲特工业集团最终只能决定斥巨资购买股份，加入喻恒领导的团队。梅菲特工业集团的董事长梅菲特先生对喻恒说：“在德国有一句谚语，如果你不能打倒敌人，那么就张开双臂拥抱他吧！合作愉快，我的朋友！”对此，喻恒总结说：“在中外交往和发展中，我们不但要做沟通的桥梁，还要做桥头堡，而不能只是铺路石。”[①] 目前，持有近八成股权的喻恒实际控制着德国都芳漆（中国）有限公司，其成功经历说明，归国留学人员创业伊始的前瞻性战略思维对创业组织生存与发展的重要性。

归国留学人员创建企业时，仅具有超前的战略意识还不够，需要通过一系列制度设计整合各类创业资源。如果创业资源得不到有效组织，就不能发挥最大效能，甚至就是散沙一片。

天津泰达华生生物园发展有限公司首席执行官刘建亚回忆他刚开始回国创业时，就知道中国不缺少科学家，缺少的是既懂专业技术又懂产业化的企业家。正是因为如此，他在公司创业之初就将自己定位为企业家，从战略构思、可行性分析、产品开发、市场营销、人员招聘、团队构建，一直到建立企业文化、进行品牌宣传等各个阶段都有明确的分工和合理的安排。尽管他感到不管准备

---

① 陈静．2007-11-16．喻恒：不得不拥抱的合伙人．京华时报，第 D03 版．

得多么充分，总是不能完全按最初设想实现计划目标[①]，但他的企业家思维使他的学习能力、适应能力、应变能力和整合能力都很强，从而有效地克服了创业征途中出现的种种困难，最终获得了创业成功。

可见，在公司成立之初，归国创业人员就需通过公司平台有效组织各类创业资源，对企业未来发展作出全局性规划和长远性安排。

二 创业组织运营

对于很多归国留学人员而言，创业过程中最难的不是技术问题，也不是资金问题，而是创业组织的运行和管理方面的问题。换言之，如何通过企业运营使创业计划落到实际行动中，是每个创业者都感到棘手的问题。

对于归国留学人员创办的企业来讲，CEO在很大程度上决定了创业组织的运营特点与运营效率。很多归国留学人员创办企业选择了初始创业者担任CEO。有些初始创业者适合担任CEO，但亦有些初始创业者并不适合担任CEO。特别是一些企业的初始创业者是专业型技术人才，如果由他们掌握着企业的经营管理权，就需要他们从专业型人才向经营管理型人才转型。在实践中，既有从专业型人才向经营管理型人才转型成功的案例，也有从专业型人才向经营管理型人才转型失败的教训。

在申音的《商业的常识：为何普世商业价值在中国行不通》中有一篇《给海归技术创业兄弟的九个忠告》，其中一个忠告就是“别让技术最牛的那个家伙当CEO”。据说这句话出自展讯前CTO陈大同之口，他既有在美国硅谷工作的经验，又有回国创业的经历，通过对国内外创业企业的对比，他发现一个现象：在硅谷，工程师都不愿意去做管理工作，因为他们在公司的地位跟CEO是平起平坐的。但是在中国则不同，中国没有硅谷这种宽容大度的文化氛围，公司的事情拍板的一定是老大，使靠技术起家的创业者们为了拍板“被迫”坐上老板的位子，“被迫”参与企业管理。但实际上，老板的位子对“管理能力”的要求要远远高于对“技术研发”的要求，然而当“管理”和“技术”不能同时在一

① 赵晖．2007-02-02．海归创业，构筑孵化平台——访天津泰达华生生物园首席执行官刘建亚．天津日报，第19版．

个归国留学人员身上达到完美统一时，企业就承担了太多的发展风险。①

亚信科技创始人丁健就是“技术最牛的那个家伙当 CEO”的例子。1999 年田溯宁离开亚信科技后，亚信科技就进入了丁健时代。丁健比较擅长战略与技术，但在经营管理方面有很大的不足。按亚信人的说法，丁健做事风格对内“固执”，对外“执著”。不擅长与人打交道的丁健亦坦言，“我一开始就清楚自己不是个职业化的 CEO”，“让一个没有管理经验的人，完全依靠学习来带领公司成长风险很大，作为一个投资人，作为一个股东，我不愿意让自己的公司被这样一个 CEO 继续带下去”。尽管丁健努力从技术专家向管理专家转型，并带领亚信科技成功上市。但他依然认为自己不是一个出色的企业管理者，一直为亚信科技寻找懂得经营管理的帅才。2003 年后，随着职业经理人逐步登上亚信科技 CEO 的舞台，丁健亦以亚信科技董事长身份淡出了公司的日常经营管理。对此，丁健表示，“我不大会回到运营一个公司的角色上”，“对于我个人来讲，我不做 CEO 至少要比我做 CEO 睡得踏实”。② 丁健认为，并非每个技术专家都适合做经营管理专家，让每个技术专家转型为经营管理专家显然是不现实的。

的确，术业有专攻，隔行如隔山。有的技术专家虽然是行业里的“大拿”，但由于缺乏沟通能力，不懂领导艺术，既无法对企业实行有效的管理，亦无力把握市场需求，其结果往往是产品无人问津，企业缺乏凝聚力，长期发展难以为继。相反，成功的归国留学人员创办企业往往会选择有经营管理才能的 CEO 为企业发展保驾护航，引领企业走上可持续发展道路。

对于归国留学人员创办企业来说，经营管理制度是企业发展的核心制度。创业难，管理更难。由于很多归国留学人员所学的专业是理工科，从事的工作也是理工类工作，他们虽然掌握着先进的知识技术，但相当一部分既不懂市场，也不懂管理，更不了解国情。在这种情况下，盲目进入市场创业往往要承担很大的风险。在归国留学人员中，因缺乏经营管理经验而使创业受阻的事例并不少见。不少归国留学人员就表示，他们开发的产品有着明确的市场指向，价格也只有国外产品的几分之一，然而公司人员全是技术开发型人才，不擅长市场营销，产品得不到相应的推广，因而在激烈的市场角逐中败下阵来。

成功的归国留学人员创办企业必然在运营管理方面有着过人之处。李彦宏

---

① 申音 . 2011. 商业的常识：为何普世商业价值在中国行不通 . 太原：山西经济出版社 .

② 王辉耀 . 2005. 创业中国：海归精英 50 人 . 北京：中央编译出版社 .

在百度发展过程中曾搞过两次非常有名的借势营销。第一次是在百度网刚刚推出之时，借新浪网欠费之事营销百度网。2002 年 3 月，新浪网搜索引擎中的网页搜索服务因欠费被百度停止，此时若点击新浪网的搜索栏，网页上显示的是“新浪欠费，百度停机，如需要更好的搜索结果，请登录 www. baidu. com”。凭着这句话，加上媒体的渲染，之前日流量不过三五万的百度网迅速变成访问量狂涨、人气爆棚的知名网站。第二次是百度即将上市之时，借全球搜索巨头谷歌大名将百度上市之路搞得风生水起。李彦宏通过“中国谷歌”概念、吸纳谷歌入股等方式，赢得了美国人对百度发展的关注与想象。相比于新浪、网易、搜狐等企业上市时的情形，百度股票上市发行当日股价增长 350%，一度创造了纳斯达克股票历史上的涨幅纪录，至今仍是纳斯达克最受热捧的中国概念股。由此可以看出，市场运营策略对一个企业的成长有着重要的作用。

由于经营管理经验的欠缺，不少归国留学人员创业之路走得颇为艰辛，有的人黯然离场，有的人不得已又重新选择出国。相反，高效而有弹性的管理会让公司业务富有效率，让员工有所成就。李开复在对一个成功创业者的界定中认为很重要的一方面就是看他是否有弹性：“因为很多创业的时候，创业的方向和点子，做了几个月不对了，往往可以找到第二个方向，所以不要太倔强，固执，要多听、多看、客观面对。”[①] 一些成功的归国创业人员在回国前就开始为创业作全方位的准备。他们不仅对技术和产品本身进行大量调研，而且还广泛接触国内外业界人士与创投人士，在“多听”、“多看”的基础上深入了解中国国情与行业市场状况。这些归国创业人员大多具有快速学习能力和弹性适应能力，回国后不仅能很快融入中国发展环境，建立起人脉关系网络，而且善于应对变化，能适时调整企业发展策略，带领创业企业逐步走向成功。

归国留学人员创办企业，有吸引力的人事政策是企业长远发展的重要动力。创业是一个系统工程，需要技术开发、市场营销、人力资源管理、资本运作等各方面的人才。一个企业要想获得长远发展，就必须有吸纳各种专业人才的能力。许多归国留学人员在决定创业的那一刻都有过这样的疑问，创业靠什么？有前景的项目？先进的技术？充裕的资金？当然这些对于一个创业组织来说都不可或缺，但是创业的前提是人才，只有人才才能使创业组织运转起来，只有

① 新浪财经．高峰对话：从中美创业文化的异同谈全球创业．http：//finance. sina. com. cn/hy/20110329/15009610682. shtml [2011-03-29].

人才才能使创业计划得以落实。俗话说“天时不如地利，地利不如人和”，从这个意义上来说，人才无疑是创业的中心，凝聚人才是企业生存与发展的关键。有人说过，“一个企业的人事政策影响最为深远，一个企业的制度核心就是人事政策”。那么，如何吸聚人才？如何防止人才流失？每个归国留学人员创办企业都有自己留住人才的方式。

天津方恩医药发展有限公司创始人张丹认为，人才流失会对企业造成不小的损失。他提到，在医药开发外包服务行业，一般临床监察部门员工流动率可能达到 30%～40%。“要想马儿跑，就一定要给马儿最好的草。”公司管理层在了解行业薪资状况的同时，也要深入了解员工真实需求，通过提前一个季度宣布给员工加薪或提级等措施，使公司人员流动率接近为零。①

上海三思科技发展有限公司创始人陈必寿尽管年过半百才大胆创业，但他却在十几年的时间里，把一个最初只有 20 余名员工、注册资金 16 万元的小公司，发展壮大到如今拥有 1200 多名员工、8 亿元年销售额，以及 5 万平方米科研、制造基地的行业领先企业。在他的公司，员工跳槽率很低，有些老员工一待就是十几年。他在人才管理上努力做到“把合适的人放在合适的岗位上”，“留在三思的员工不一定是最优秀的，但应该都是最适合的”。②

还有些归国留学人员创办企业通过股权激励的方式留住骨干人才。百度、迅雷、启明星辰等公司都通过股权激励、建设团队文化等方式留住骨干员工，让骨干员工与企业共同成长，共享企业发展成就。启明星辰创始人严望佳对人才的力量和团队的重要性有着深刻的体会，她认为，“人力资源是一个企业竞争力的核心力量”，“强调公司的团队精神，把职工的利益和企业利益捆绑在一起。只有具备了一种和谐的态势，才能形成凝聚力发挥出一种无形的力量……因为在个人和企业的结合中，团队无疑是放在首位的。在企业发展的某个阶段，个人的魅力在一定程度上会带动企业的发展，但长远看来，依靠个人的魅力会出现问题。企业要想健康发展，要依靠富有凝聚力的管理。我们以‘启明星辰’这个名字来命名我们共同的事业，便蕴涵了这个深刻的道理”。③ 可见，成功的归国留学人员创办企业往往有着吸聚人才、黏住人才的制度，这样方能组建有

---

① 郜艳艳，王珑琨．2011-09-15．南河沿的笑声——归国留学人员“创业讲坛”记事．人民日报海外版，第 07 版．

② 郑佟乐．2010-05-22．陈必寿：少说多做，三思后行．人民日报海外版，第 05 版．

③ 邢立宇．严望佳——网络时空的“光明使者”．http：//www.chinanews.com/2002-10-16/26/232439.html [2011-04-22]．

进取心、执行力的管理团队、研发团队、生产团队和营销团队，才能实现科技项目产业化，才能跨过科研成果与商业成果之间的沟壑。

对于归国留学人员创办企业来说，有效的财务控制是其长远发展的重要保障。创业组织的运行就像一辆行驶的汽车，财务对于企业而言就像汽油与汽车的关系：没有汽油，汽车根本走不动；汽油不够，汽车也走不远；汽油充足，汽车才能跑得远。能够成功的归国留学人员创办的企业，往往都是财务状况良性运转的组织；而失败的归国留学人员创办的企业，很多都与财务控制不当有关。

在互联网第一波创业潮中，“烧钱”是那时归国留学人员创办的企业中普遍存在的现象。甚至有的风险投资人也会鼓励这些企业烧钱，似乎只有烧钱才能建立起企业品牌，似乎只有烧钱才能吸引公众眼球，只有烧钱才能加速企业上市。这一时期的很多门户网站不仅通过争相烧钱吸引人们的注意力，而且有的企业为了公司形象不计成本地租用最贵的写字楼，配置先进的办公设备。然而，随着 2000 年年底纳斯达克股市的突然崩盘，互联网泡沫一夜间破灭，除了少数及时上市的企业或已融到过冬资金的公司外，同时期的大多数互联网企业因资金链断裂不得不承受灭顶之灾，黯然退出创业的舞台。

与许多归国留学人员拿到风险投资后大把烧钱不同，李彦宏 2000 年创建百度后就采取了稳健的财务控制策略。对他手中第一笔 120 万美元的风险投资，他非常珍惜，花得十分谨慎。尽管风险投资人曾要求他在半年内“烧光”120 万美元，李彦宏却将 120 万美元花了一年多。为了节约成本，百度没有租用高档写字楼，而将办公地点确定在北大资源宾馆的两个大房间里。百度开张还不到 1 年，互联网的冬天就快速降临。由于此前的用心经营和精打细算，百度的经营状况与财务状况都处于良好状态，并在互联网的寒冬中顺利融到了第二笔资金 1000 万美元。这次逆市融资背后的关键在于李彦宏在正常商业状态下对公司财务的未雨绸缪，李彦宏在第一笔投资还有一半时就开始着手寻找第二笔融资。“一定要在尚不缺钱的时候借到下一步需要的钱。”① 百度日后的发展壮大与李彦宏在创业之初就重视财务控制有着很大的关系。据调查，很多归国留学人员创办企业衰亡的原因并不是没有好的项目，也不是没有好的产品，而是因为现金

① 李乐天．2006．从制造百度营销、股价神话到 PK 掉 Google 野心：李彦宏商业谋略缔造百度神话．人力资本，(10)：12-21.

流不足、资金链断裂。对于企业的长远发展来说，现金是王道，财务是根基。因此，重视财务管理、建立有效的财务控制制度对归国留学人员创办的企业的经营发展有着重要的影响。

对于归国留学人员所创办的企业而言，积极向上的企业文化会加快企业的发展步伐。通用电气（GE）前任 CEO 韦尔奇认为，企业文化是永远不能替代的竞争因素，企业靠人才和文化才能取胜。

尽管每个企业都有自己独特的企业文化，但是受留学经历的影响，很多归国留学人员创办企业会把西方尊重个性的文化引入企业运行之中，营造相对宽容自由的企业文化。网龙网络有限公司创始人刘德建在其公司内部倡导并推动“学习、创新、快乐、真诚”的企业文化氛围。通过电子化管理，鼓励员工之间直接、真诚沟通。刘德建表示：“‘真诚’的价值观跟国外的经历有关。我挺喜欢国外开放、尊重的文化。我们把有话直说当成沟通的标准。用通信软件管理员工的绩效和交流，有利于建立公平、平等的关系。每个人都可以用软件与公司其他员工沟通，总裁也不例外。”① 启明星辰创始人严望佳认为，企业文化的建构和企业的创立与发展息息相关。她指出，“人力资源是一个企业竞争力的核心力量，而良好的企业文化的建立是吸引人才的重要途径”，“启明星辰的企业文化是‘中和、中正、自强之美’。所谓‘中’，不偏不倚谓之中。在我们所从事的网络安全领域也是有中的概念的，因为没有绝对的网络安全，既然是相对的，我们就要把握一个尺度，既能让用户避免最大的投资，又能把风险降低到用户可以接受的程度”，并强调团队精神是公司文化的核心，“把职工利益和企业利益捆绑在一起。只有具备了一种和谐的态势，才能形成凝聚力发挥出一种无形的力量”。②

还有一些归国留学人员所创办的企业有着鼓励员工创业的企业文化。汤姆森多媒体公司创业高级副总裁赫维·汉比克有一句经典名言：“经营公司的关键不在于培养更好的经理，而在于要让员工们表现得像真正的创业家那样，把公司当成他们自己的事业。”曾经以送外卖而受媒体关注的“80 后”归国创业人员韩飞，就是一位鼓励员工跳槽的“另类”老板，当初在他的送餐公司 8 人团队

---

① 刘涛．2004．偏执的网游“DJ”．中国企业家，(2)：110-112.

② 邢立宇．严望佳——网络时空的“光明使者”．http：//www.chinanews.com/2002-10-16/26/232439.html [2011-04-26].

里，有大学生、高中生，也有初中毕业生。这个只有8名员工的小公司也有自己的企业文化：每周要开一次会，开展“一分钟经理人”、“一分钟批评”等活动，通过这种从接线员到厨师和送餐员，再到经理，最后到客户的换位思考，不但让每位员工熟悉了公司的运转模式和流程，还能让每位员工设身处地地为他人着想。厨师栾瑞松非常惊讶，没想到这个世界上还有鼓励员工跳槽甚至与自己竞争的另类老板：“我没想到，韩飞鼓励我今后自己创业，在烟台开办起同样的公司，如果不成，再回来也行。他说，强者总会从竞争中脱颖而出，而没有竞争的市场，也是不会快速成长的！”[①] 这种鼓励员工创业的企业文化的形成，需要企业领导有一颗包容大度的心，一般很少有人能坦然地接受自己的员工创业之后又成为自己的竞争对手。但是在这种独特企业文化熏陶下的创业组织，会更加生机盎然和富有竞争力。总体来说，归国留学人员所创办企业的主流企业文化不是狼性企业文化，也不太崇尚简单粗暴的领导风格，更多是以尊重员工、鼓励创新为主的企业文化。

创业组织是整合创业资源的平台，其运营效能影响着创业企业的发展态势。因此，归国创业人员一定要重视创业组织的建设，为企业经营发展建立起高效、务实、弹性的保障制度。

---

① 孟宪臣，林靖凯．直面“80后”：送外卖的“海归”．http：//www.shm.com.cn/tabloid/2009-03/19/content.2539543.htm [2011-05-12].

第七章 创业资源

常言道："巧妇难为无米之炊。"同样，若缺乏创业资源，归国留学人员即使有再大的创业激情，其创业活动也只能是无源之水、无本之木。创业资源一般是指创业者在企业创立及成长发展过程中所需要具备的一些创业条件，包括项目资源、人才资源、财务资源、环境资源、管理资源、信息资源、科技资源等。在实践中，好的项目、好的团队、好的融资渠道和好的创业环境不仅是支撑归国留学人员高技术创业的重要资源，而且也在很大程度上决定了归国留学人员创办企业的兴衰成败。

一 创业项目

2006年，欧美同学会召开了"北京论坛暨第三届中国留学人员回国创业发展与交流大会"，UT斯达康（中国）有限公司创始人吴鹰、北京实华开电子商务有限公司创始人曾强、搜房控股有限公司创始人莫天全等归国创业人员都不约而同地谈到了创业项目的商业模式。

吴鹰认为，归国留学人员创业首先要有好的商业模式，而且所选的商业模式必须和国内市场很好地结合起来。曾强认为，归国留学人员在创业之初就要把商业模式想清楚，然后才能结合实际去工作去打拼。莫天全认为，创业重要的是方向，海外的商业模式可以借鉴，但照搬到国内就不一定能走得通，要根据中国的商业模式作调整。例如，搜房在创立之初，曾经参照过一个美国公司的模式，但是经过仔细研究，美国的房地产市场和中国的房地产市场根本是两回事，存在很多不同之处，最终搜房也只是借鉴了国外的部分做法，并全面结合中国房地产市场的实际情况进行了调整。[①]

归国留学人员创业不能仅凭单打独斗，还需要获得人才、资本等其他创业

① 李吉吉．2006-11-06．成功海归创业经验分享．北京青年报，第E5版．

资源的支持。那么，要想吸引其他创业资源，首先要依靠什么？答案就是：好的项目。

当今的中国处于资本过剩状况之中，整个投融资市场“不差钱”，而缺的是好的项目，缺的是有竞争力的商业模式。近年来，为了吸引归国留学人员创业，国家出台了一系列鼓励归国留学人员创业的优惠政策，许多地方纷纷成立归国留学人员创业园，搭建了一系列服务平台。在这些政策措施的助推下，归国留学人员创业热情高涨。仅2010年回国创业或就业的归国留学人员就达到13.5万人。[①] 在海外学子大批回归的同时，各级政府也越来越注重归国留学人员创业项目的含金量。

叶慧珏在《千名海归创业闯关东，光环褪去后的问题》一文中提到一些政府官员和留学人员对归国留学人员创业项目的看法：大连高新技术产业园区管理委员会主任栾庆伟指出，“与过去相比，判别海归学子是不是高层次人才，要看他是否有好的大的项目，而不是像过去那样看他是毕业于哪所学校、取得了什么样的学历”；“好些海归回来谈条件，要优惠，要土地，但真正的好项目大项目是不愁没人要，而是会有人抢着要”。栾庆伟表示由于自己经常与归国留学创业者打交道，“好些海归动辄要多少支持，但好些项目真不知道能否产生效益，希望海归们有货真价实的项目，少些忽悠”。在栾庆伟看来，地方真正需要的是那些能产生效益的项目，“否则你就是世界500强、100强我们也不要，否则我们这么多支持下去，到时候怎么交代。而对那些好项目，别说200万元、1000万元，上亿元都愿意支持”。海归联合创投协会会长林琳也持相同观点，她认为“海归创业和其他人创业并没有什么本质不同，创业项目多了，各地政府必然有一个选择淘汰的过程。与此同时，整个资本市场正在趋于理性，投资人更看重的是项目团队和项目本身，而不是背景”。硅谷中国工程师协会常务副会长薛晓峰有着多年与政府打交道的经验，他认为，现在谈投资，谈合作，“什么都不用说，首先拿项目说话，如果这个项目符合中国市场发展，并且与当地优先发展的产业链匹配，那么才有可能谈下去”，“政府不会因为你的组织者身份就邀请你前去洽谈”。据他透露，2010年江西省某市看中一个留美归国创业人员能达到几十亿元市场规模的锂电池项目，这是一个世界级的领先技术，电量可以达到现有锂电池的三倍，而价格则是现有价格的1/3，对发展新型电动汽车有

---

① 彭万.2011. 留学归国人员就业困难的研究分析. 时代金融，(36)：154.

着重要的意义。由于江西是全国新能源示范产业区，当地政府对此十分重视，立即向该项目提供了1000万元的启动资金，并且随着生产规模的扩大，政府后续还可能加大资金投入。[①] 可见，在所有的创业资源中，创业项目至关重要。

相对于政府，市场上的投资人更为实际。对好的项目和好的商业模式，他们往往趋之若鹜，慷慨出手，有时甚至争得“头破血流”；而对缺乏竞争力的项目，缺乏赢利前景的商业模式，他们鲜有兴趣，吝于投入，甚至弃之如敝屣。

在资本过剩的背景下，好的创业项目在中国从不缺“买主”。好的创业项目会有能力吸聚各类创业资源，创业者在创业资金、创业环境等方面的困难亦会有所缓解，有的甚至迎刃而解。因此，归国留学人员创业必须苦练内功，设计开发好的创业项目，形成有吸引力的商业模式，才能得到政府与投资人的认可，才能为企业长远发展构筑起核心竞争力。

二 创业团队

在2011年5月21日召开的“第六届中国互联网站长年会”上，著名天使投资人薛蛮子指出：“现在已不是一个单打独斗的时代，一个小的简单主意决定不足以征服投资者、征服社会和征服世界，所以一定要有一个好的主意，有一个好的商业模式，更重要的是要有一个好的团队。”[②] 对于一个企业来说，要想取得长足的发展，不仅需要有好的项目，还需要有好的创业团队。

俗话说“人多力量大”，“一个篱笆三个桩，一个好汉三个帮”。一个人的知识、才能和精力毕竟是有限的，孤军奋战的结果往往是独力难支。相对来说，团队共同奋斗比个人单打独斗的成功概率要高很多。中国人事科学研究院2011年开展的留学人员回国创业状况调查结果表明，团队创业是归国留学人员创业的主要形式。[③] 与本土企业家创业时喜欢依赖家族成员不同，归国留学人员更倾向于与同学、师长、同事结伴创业，而且大部分团队成员都有着海外留学的共同经历。

---

① 叶慧珏．千名海归创业闯关东，光环褪去后的问题．21世纪经济报道．http：//www.zlcbh.com/HTML/2011-7-2/MMDY5XZM0ODI1mw.html [2011-05-26].

② 凤凰网科技．薛蛮子：创业不再是单打独斗时代，需要好的团队．http：//tech.ifeng.com/internet/special/qushi5/content-3/detail_2011_05/21/6541667_1.shtml [2011-05-26].

③ 范巍，蔡学军．2011．留学人员回国创业环境报告．北京：北京大学出版社．

在归国留学人员创办的IT企业中，有不少著名的创业团队。亚信科技初始创业团队主要由田溯宁、丁健等几位归国留学人员组成。田溯宁硕士毕业于中国科学院研究生院，后获美国得克萨斯科技大学资源管理专业博士学位。丁健本科毕业于北京大学化学系，后获美国加利福尼亚大学信息科学专业硕士学位和加利福尼亚大学哈斯商学院的EMBA。1993年，田溯宁在美国创办了“中国环境网”，他的第一个注册用户就是互联网专家丁健。田溯宁虽非经济专业出身，但颇具商业头脑和战略眼光，富有激情且善于交际；丁健稳重内敛，精于技术，曾在20世纪90年代初多次应邀归国讲述互联网技术。田溯宁和丁健性格不同，专业互补，但最初对互联网发展的看法也不太一致。田溯宁觉得互联网非常神奇，有着极大的发展潜力。丁健则觉得互联网太简单，没有太大技术难度。随着两人交流的深入，田溯宁和丁健逐步在互联网创业方面达成了共识，于1993年在美国创立了亚信科技。1995年，天生具有领袖气质的田溯宁拉上了包括丁健在内的五位留学人员和他一起回到北京，把亚信科技的业务重心转到中国。凭借创业团队在美国承建互联网时掌握的技术和积累的经验，亚信科技很快承担起包括ChinaNet等在内的中国网络基础建设工作，迅速发展成中国网络基础建设的骨干企业。

曾一度在早期互联网虚拟社区领域叱咤风云的ChinaRen拥有由陈一舟、周云帆和杨宁组成的“斯坦福创业团队”。陈一舟毕业于武汉大学物理系，之后进入美国麻省理工学院机械工程系学习，工作数年后在斯坦福大学商学院读书。周云帆毕业于清华大学，之后进入斯坦福大学电机工程系攻读硕士学位。杨宁在西安读小学时即随父母移民美国，在密歇根大学获得电机工程学士学位，之后进入斯坦福大学电机工程系攻读硕士学位。陈一舟、周云帆和杨宁在斯坦福大学读书期间相识，在陈一舟发起的斯坦福中国互联网讨论会上一拍即合，于1999年回国创办了ChinaRen。尽管ChinaRen生不逢时，在互联网泡沫重创下被迫卖给了搜狐，但其在不到一年时间内融到上千万美元资金，迅速发展成拥有百万用户的虚拟社区，亦反映出其创业团队超强的融资能力与经营能力。即使ChinaRen“斯坦福创业团队”后来分道扬镳，但陈一舟、周云帆和杨宁在日后都重新开创了成功的事业，至今都是中国IT业非常耀眼的明星。

携程旅行网的创业团队“携程四人组”由“携程四君子”季琦、梁建章、沈南鹏、范敏组成。季琦毕业于上海交通大学，擅长经营管理，不仅对创业机会非常敏感，市场公关能力也很突出；梁建章毕业于复旦大学，后获美国乔治亚理工学院硕士学位，毕业后曾在美国甲骨文公司工作，是才华横溢的计算机天才；沈南鹏毕业于上海交通大学，后至耶鲁大学攻读硕士学位，毕业后先后在美国汉华银行、雷曼兄弟证券、花旗银行、德意志银行等金融机构工作，是经验丰富的投融资专家，在金融领域积累了丰富的高端人脉；范敏毕业于上海交通大学，在酒店业工作了近10年，对酒店管理非常在行。由于“携程四人组”不仅个个能力突出，而且还能力互补，所以，投资人很认可这支梦幻团队，不断给他们投资，使携程旅行网成立两年就完成了50万美元、450万美元、1200万美元的三轮融资。在团队的共同努力和资本的有力支持下，携程旅行网幸运地度过了互联网泡沫破灭的灰暗时期，并通过并购订票机构、入股酒店业务等方式，逐步发展成为在线旅游的行业老大。

在生物、医药、能源等新兴产业领域创办企业的归国留学人员也大多采取团队形式创业。中美奥达生物技术（北京）有限公司的核心创业团队由黎志良、高峰和孙雷等三名海外留学人员组成。黎志良早在2003年就不断尝试用不同的商业模式创业，但都未获得成功。直到2006年，黎志良遇到了在美国俄亥俄州医学院获得博士学位的高峰，两人在创业方向上达成共识，准备携手回国创业。此时，他们还需要一个熟悉国外生物医药外包业务的人，毕业于美国哈佛大学医学院的孙雷恰好非常熟悉国外药厂的运营模式，因此，孙雷也加入创业团队中来。经过不断的实践和磨合，三人在公司运营方面形成了明确的分工：黎志良抓管理，高峰主管运营，孙雷负责技术和生产。黎志良非常认可他们的团队创业模式，他认为“团队创业可以凝聚更多的资源和经验，从而降低创业风险。这也是归国创业人员选择团队创业的比例逐步上升的一大原因”[①]。

杭州矽力杰半导体技术（杭州）有限公司是高功率、高密度、高效率电源芯片的规模生产厂商，其核心创业团队由游步东、陈伟等四名拥有丰富海外工作经验的创业者组成。回顾自己的创业历程，游步东对归国创业人员提出了自己的建议：有明确的目标再回国创业，不要为了海归而海归；有优秀的团队作为支撑，更容易实现梦想。[②]

海蜚尔能源科技（北京）有限公司由蔡庆军、钟义贵、况国华等人组成，

---

① 程秀秀，邢艳. 2010-06-26. 一个人打天下的日子已远去——海归团队创业渐成趋势. 人民日报海外版，第05版.

② 万家驹. 2011-11-17. 游步东的超越梦. 人民日报海外版，第07版.

由在脉动热管领域有着丰富技术研发和市场推广经验的蔡庆军任董事长兼技术总监，主要负责技术和产品开发工作。钟义贵、况国华则负责市场和管理。蔡庆军认为，搭好团队的基本框架，团队精诚团结，才能使公司高效运转，才能保证从产品开发到市场销售的顺畅。谈起自己的创业团队，蔡庆军说："像我们这样的高新技术企业，不仅要求创业团队骨干人员有丰富的阅历，而且需要互补优势，这才是一种比较理想的模式。"

一般情况下，理想的创业团队往往有着相对稳定的组织结构、精诚合作的创业精神和积极向上的企业文化。理想的创业团队在大大提高创业企业效率的同时，也提升了归国留学人员创办的企业聚拢其他创业资源的能力。不论是VC还是PE，在选择投资企业时，除了考虑创业项目外，最重要的就是看创业团队。李开复的创业工场有两大"不投"原则，其中之一就是"不投没有团队的项目"。沈南鹏的红杉中国在投资时亦把对人的考量放在第一位，他始终认为在中国"赌选手甚于赌赛道"。可见，真正有经验的投资人对创业团队的重视程度之高。风险投资人最偏爱有战略眼光、有执行能力和有管理协调能力的创业团队，他们考察创业团队时往往很关注创业领导对团队的控制力和影响力，团队成员是否有创业经验，团队合作是否稳定可靠，团队是否同时拥有技术人才和商务人才等因素。

在竞争日趋激烈的今天，归国留学人员要组成一个结构稳定、能力互补、各司其职的创业团队，创业才能达到事半功倍的效果。而归国留学人员创业的过程，本身亦是团队成员相互磨合、集体成长的过程。

三 创业融资渠道

资金是企业的血液，是企业持续从事生产经营活动的前提条件。虽然人们常说"钱不是万能的"，但对于企业来说，钱却是非常重要的。资金不仅与企业的价值密切相关，而且是企业生存发展的根基。企业每时每刻都离不开资金：原料需要钱，设备需要钱，场地需要钱，研发需要钱，运营需要钱，开拓市场需要钱，发工资需要钱……在某种程度上，企业的起点是资金。对于创业者来说，有了好的创业项目和好的创业团队，还要有足够的创业资金，才能把好的创业计划落到实处。因此，筹措到创业资金才能把好的创业计划落到实处。筹措创业资金成为绝大多数创业者必须面对的挑战。

随着近年来通货膨胀的加剧，物价在上涨，房租在上扬，工资在提高，企业经营成本不断攀升，创业的资金门槛越来越高。在《创业家》杂志创始人牛文文看来，“早期的创业者像柳传志和刘永好这样的，5 万元、20 万元就可以创业。后来互联网的一代，马云、马化腾、李彦宏，卖掉一套房 50 万元就能创业。到了现在，创业起码需要 200 万元，创业的门槛更高了，玩票的不行……如今创业反而更难了”①。在创业资金门槛越来越高的今天，创业者很难仅靠个人和亲友的资金就开创一项事业，因此，创业融资渠道变得越来越重要。

然而，归国留学人员在创业之初面临的最大问题就是融资难。留美企业家彭泽忠在回答“海归回国创业最大的困难是什么”时，讲了两个字：“融资”。2001 年 9 月，彭泽忠在绵阳高新区留学生创业园注册了绵阳凯路微电子有限公司，他申报的“与 LOCIC-CMOS 工艺全兼容的新型嵌入式不挥发存储器”项目获得了科技部中小企业技术创新基金 150 万元的支持，但是对于一个如此高技术含量的科技项目而言，150 万元的研发资金无异于杯水车薪，“这个项目，前期需要上千万元甚至上亿元的投资才能开发出来。当时后期融资相当困难，没有办法，只能回到美国，拿美国的风险投资来开发这个项目”。彭泽忠在后来融资的路上再三碰到同样的问题。按彭泽忠的话说：“我三次回国创业，都碰到融资难的问题，虽然每次都有改变，但并不大。”②

相对于找到风险投资的彭泽忠而言，很多归国留学人员因资金链断裂时未得到有效的外部支持，最终创业失败。湖北光通光电系统有限公司创始人陈义红在创业五年之后黯然离开创业地武汉光谷。他说，“我的企业是一个可以做到两个亿的大企业。然而需要资金投入时，却借贷无门。目前想在国内贷款 500 万元都难上加难”③。在归国留学人员创业大潮中，与陈义红版本相似的故事不计其数。许多归国留学人员满怀热情地选择回国创业，有的人手中还握有订单。但在生产经营过程中，没有外部资金的注入，又无处借贷，导致资金链断裂，最后不得不关闭自己苦心经营的公司，带着深深的遗憾黯然离开创业的舞台。可见，资金对一个企业的重要意义。

初创企业除了自有资金外，往往需要外部资金的支持。一般来说，外部资金主要来自银行贷款、政府资助和风险投资。归国留学人员创办的高科技企业

---

① 李妍．2012．“90 后”世界因留学生而精彩？．中国经济周刊，(25)：43-45.

② 孙文荆．海归博士彭泽忠：物联网世界的“太极”高手．http：//www.chinanews.com/lxsh/2011/08-30/3292694.shtml [2011-09-02].

③ 王辉耀．2007．当代中国海归．北京：中国发展出版社．

多为“人脑”+“电脑”，无形资产比重较大，固定资产相对较少，往往缺乏土地、房屋、设备等抵押品，想从商业银行获得贷款有相当的难度。与此同时，政府虽对归国留学人员高技术创业有启动资金的支持，但资金额度普遍偏小，相对于企业的生产经营往往是杯水车薪。所以，风险投资对归国留学人员的高技术创业就显得格外重要。

风险投资是归国留学人员初创企业最重要的融资渠道。张朝阳是最早将风险投资引入中国的留学人员，其早期的融资经历也颇为坎坷。在杨阳的《张朝阳如何拿到首笔投资创业》一文中，详细地介绍了张朝阳早期融资经历。为了创办公司，1996 年 7 月，张朝阳正式开始了他的融资之旅，他经常往返于中国与美国之间。为了给投资人打电话，他在美国大街上的公用电话亭排队，甚至尝到过被投资人赶出办公室的狼狈滋味。那个时候的张朝阳，为了拿到融资而忍受了颇多美国投资者的耍弄。经过持续努力，1996 年拿到了第一笔投资 22.5 万美元（实际 17 万美元），这笔风险投资来自麻省理工学院教授尼葛罗庞蒂和斯隆管理学院教授爱德华。张朝阳利用这笔风险投资创立了爱特信公司。到了 1997 年 9 月，这笔投资已经消耗大半，张朝阳又开始了长达半年之久的融资之旅。当时的美国人对中国十分陌生，几乎没有投资人愿意听他的计划，愿意听的投资人中实际投资给钱的也没有几个，即使最终出资的，也对张朝阳不断问讯。例如，英特尔对张朝阳进行了前后长达 6 个月的“审问”，平均每天 6 个问题。有一天晚上英特尔的投资人打长途电话过来说还有一个问题想问。张朝阳当时在发烧，但是生怕投资人觉得自己身体不好最后不再投资，所以不敢说自己在发烧，只能咬牙回答他的问题。其间，因为没有融到资金，张朝阳甚至到了把最早的两名员工叫到自己的办公室，问他们那个月的工资迟一个月发可不可以的地步。他那时首先要考虑的是交房租。此时的张朝阳没有办法，只好向董事会求救，最终董事会为张朝阳提供了一笔 10 万美元的“乔治贷款”，让张朝阳用这笔钱先“度日”，把公司继续经营下去。而这笔贷款张朝阳日后需要用利息和股权去偿还。这笔“乔治贷款”到位，爱特信公司又撑到了 1998 年 3 月。1998 年 4 月，爱特信公司获得了第二笔风险投资，投资者包括英特尔、道琼斯、晨兴、IDG 等，共 220 多万美元，爱特信也由此改名为更响亮的搜狐公司。[①] 在获得第二轮投资后，搜狐公司逐步找到了主要赢利模式，走上了快速发展的

① 杨阳．2007-09-17．张朝阳：互联网的 1996．经济观察报，第 47 版．

道路。

上市是归国留学人员创办企业获得持续发展的关键节点，也是风险投资愿意投资初创企业的主要动因。搜狐公司通过几次私募后渐具规模，张朝阳遂积极筹备公司上市，2000年搜狐公司成功登陆纳斯达克。同年上市的门户网站还有新浪和网易。搜狐、新浪和网易均在互联网泡沫破灭之前上市，获得了企业长远发展的充足资金，奠定了日后中国三大门户网站三足鼎立的格局。

然而，ChinaRen的创始人陈一舟、周云帆和杨宁就没有那么幸运了。1999年成立的ChinaRen是当时国内互联网门户的新军，有想法，敢烧钱，在不到一年的时间内就迅速成长为继搜狐、新浪和网易之后国内排名第四的网站。然而，生不逢时的ChinaRen刚好碰到了全球互联网的寒冬。公司上不了市，也无法再融到资金，ChinaRen面临着资金链断裂的风险。此时搜狐、新浪和网易等国内网站都已先后上市，未能及时上市的ChinaRen处境极为尴尬。陈一舟、周云帆和杨宁万般无奈只好将ChinaRen出售。在2001年互联网泡沫破灭之际，率先上市融到资金的搜狐收购了资金链濒临断裂的ChinaRen。与那个时期无声无息黯然退出的众多创业者相比，陈一舟、周云帆和杨宁至少还通过ChinaRen得到了一定的回报。真正残酷的是，在那个互联网泡沫灰飞烟灭的时期，大多数归国创业人员品尝到的是血本无归的苦涩。

资金充裕的搜狐收购了资金窘迫的ChinaRen，反映了融资对一个创业企业命运的影响。类似的故事在随后的岁月反复出现，2005年千橡互动集团收购校内网就是其中一例。只不过这一次陈一舟变成了手握资金的收购方，他收购的对象就是他觊觎已久的竞争对手校内网。

校内网的创始人王兴是个挖掘互联网创业机会的天才，2005年创办的校内网仅用一年时间就发展成中国最大的SNS社区，但几百万的活跃用户非但没给校内网带来直接收益，相反却消耗了校内网越来越多的资金。此时的王兴面临着巨大的资金瓶颈，急需融到支持其长远发展的资金。然而，王兴因年轻而不被红杉资本看好，又被一家美国VC放弃……在其他地方也融资失败的王兴只得将校内网以200万美元的价格卖给了竞争对手陈一舟，这正是日后上市的人人网的客源基础。事后，很多人质疑王兴为什么将拥有数百万大学生用户的校内网拱手让与陈一舟，对此，王兴在日志中无奈地写道："当我们公司已经欠下相当于我个人 100 个月工资的时候，我们没有太多选择。”[①] 可见，在企业对决胜负的关键时刻，融资能力变得极为重要。

相对来说，陈一舟就非常善于融资。第一次创业做 ChinaRen 仅几个月，陈一舟就从高盛融到了 1000 万美元。后来，陈一舟在千橡互动集团并购业务中亦表现出强大的融资能力。例如，猫扑网和校内网在陈一舟收购前均因商业模式不清晰未能获得大额投资，转至陈一舟麾下后，就变成了非常有吸引力的投资项目，成了无数大资金竞相追逐的对象。曾在 ChinaRen 发展中因资金链断裂吃过大亏的陈一舟本人对融资极为重视，他坚持在自己不缺钱的时候就提前融资，为千橡互动集团的长远发展储粮备草。他所融到的资金不仅保障了千橡互动集团开展业务，而且因为出得起高价，在几次关键收购中发挥了决定性作用，为千橡互动集团赢得了发展上的主动权。

回顾中国互联网发展历程，20 世纪 90 年代末绝对是个千帆竞过、百舸争流的时代。经历了互联网泡沫破灭的洗礼，在同类平台上最终胜出的企业基本都是融资能力较强的企业。除了搜狐、新浪和网易三大门户网站因较早上市成功获得发展的先机外，许多专业网站在本领域之所以没有被淘汰在很大程度上也是因为创业团队融到了足以支撑企业发展的风险投资。

携程旅行网能在无数家旅游类网站中胜出，与由季琦、梁建章、沈南鹏、范伟等人组成的创业团队超强的融资能力有着密切的关系。他们在携程旅行网成立仅两年的时间里就先后完成了 50 万美元、450 万美元、1200 万美元的三轮融资。在强大的资本力量支持下，携程旅行网通过并购多家订票机构、入股酒店业务等方式，取得了持续发展的成本优势，实现了线上线下业务的有机结合。线上线下紧密结合的规模优势加快了携程旅行网的上市进程，成立四年就成功上市更助推其迅速发展成在线旅游的行业老大。

后来，他们又将强大的融资能力带到如家酒店的发展之中。如家酒店的成功不仅是新商业模式的成功，也在很大程度上受益于如家酒店发展之初就融到了大笔资金。凭着风险投资的支持，如家酒店很快租下了大量可供经济型酒店使用的房屋，迅速形成了经济型酒店连锁经营态势。这种规模经济的局面亦加快了如家酒店上市的步伐，成立四年后顺利上市又为如家酒店的发展注入了更多的资源。

---

① 何悦．2011-03-11．王兴：创业无坦途，但梦不会终结．中华工商时报，第 A04 版．

不难看出，融资渠道是归国留学人员重要的创业资源，特别是在以眼球经济、注意力经济为核心的互联网创业中，创业团队的融资能力在很大程度上决定了归国留学人员所创办企业的生死存亡。

携程旅行网、如家酒店创始人之一季琦对此颇有感慨："VC、PE、资本市场的支持是我们这些创业企业能够快速、超常规发展的助推剂。虽然他们也是抱着赚钱（有时候是想赚大钱）的想法来的，但是客观上帮助了我们这些创业者，在我们没钱的时候，给我们钱；在我们担心风险的时候，和我们分担风险；在企业还没有赢利的时候，提供资金让我们实现跨越式发展；在企业具备一定条件以后，在市场上放大我们的资产，让许多人实现财富梦想。可以说，没有这些投资者，我在10年间做成三家企业是不可能的。"①

政府支持也对归国留学人员创办企业的发展有着重要的推动作用。尽管为了争取人才与项目，全国各地纷纷推出优惠条件，为归国留学人员高技术创业提供创业启动资金，但这些创业启动资金大多数额较少，对于一些前期投入很大的高科技企业来说远远不够。1.5维条形码发明人梁海声在谈及归国创业的心态时说："回国创业，技术方面我并不担心，但就是缺少项目启动资金，资金问题确实是我当时比较担心的一个方面。"尽管在2008年，"无锡530人才引进计划"向缺少资金的梁海声拨出了60万元无偿启动资金和150万元的风险投资，但梁海生公司的资金还是出现了问题。根据相关政策规定，企业在拿出产品后政府才会将承诺的资金打入企业账户，而梁海声只有样品，因此政府承诺的资金也就无法到账。对此，梁海生表示，"我们所进行的研发本身就需要大量资金，没有资金投入就很难投产。国家为海归创业提供资金确实给了我们很大帮助，但我希望政策能够更加完善"②。

当然也有少数能力突出的归国留学人员在企业初创期得到了国家与地方的全面支持，不仅较好地克服了企业发展中的资金瓶颈问题，而且还一直保有对企业的控制权。

1999年，中星微电子在中关村科技园区成立两个月后注册，是中国实践"硅谷模式"的首家公司。当时，信息产业部电子信息产业发展基金以1000万元人民币的投资作为启动资金，管理团队以知识产权折股35%。双方还约定，

---

① 季琦．2012．做自己擅长的事，赚自己能赚的钱．中国商人，(5)：26．

② 董光耀，皮磊．2011-06-09．海归创业顾虑什么？人民日报海外版，第07版．

日后进行股权融资时，管理团队持股比例不变，即只稀释政府方面的股权。相比于许多因资金链断裂而折戟沉沙的归国创业人员，直至今天，邓中翰仍持有较多的股份，仍按自己的意志领导着公司，也为武平等虽然企业走向成功自身却失去企业控制权的归国创业人员所羡慕。

近年来，随着风投机构如雨后春笋般涌现出来，以及国家给予归国创业人员资金支持力度的日益增大，归国留学人员的创业资金压力理应大大减轻。但是由于物价、房租、人力等经营成本的上升，创业资金门槛实际上在不断升高，再加上市场竞争的加剧，以及风险投资倾向于“锦上添花”而不愿“雪中送炭”的特性，很多掌握技术和专利的归国留学人员依然被创业资金“拒绝”在创业门外，依然有不少企业因资金链断裂而陷入困境。因此，归国留学人员在创业之初，应根据自身特点和需要，尽早制订融资计划，积极尝试各种融资渠道，全力提升自己的融资能力。

四 创业环境

创业环境是一种重要的创业资源，对创业成功与否有着重要的影响。创业环境泛指社会环境中与创业行为有关的所有主客观条件的总和，主要涉及政府扶持政策、创业服务政策、社会基础设施、创业文化服务等内容。

我国政府一直非常重视吸引海外留学人员归国服务。为吸引和帮助海外留学人员归国创业，我国从中央到地方出台了多项旨在支持归国留学人员高技术创业的政策措施。21 世纪以来，我国各部委陆续发布了《关于鼓励海外留学人员以多种形式为国服务的若干意见》、《留学人员回国工作“十一五”规划》、《关于建立海外高层次留学人才回国工作绿色通道的意见》、《关于实施中国留学人员回国创业启动支持计划的意见》、《国家中长期人才发展规划纲要（2010—2020 年）》和《关于支持留学人员回国创业的意见》等多项支持归国留学人员高技术创业的政策措施，从国家层面初步形成了回国工作、为国服务和回国创业“三位一体”的留学回国工作政策体系，支持归国留学人员高技术创业的政策环境日趋完善。

我国地方政府亦采取了多项支持归国留学人员高技术创业的政策措施，其中遍布全国各地的留学人员创业园是扶持归国留学人员创业、为归国留学人员提供创业服务的重要平台。自 1994 年我国第一家留学人员创业园——南京金陵海外学子科技工业园诞生以来，全国各地的留学人员创业园迅速发展，为归国留学人员高技术创业提供了场地、融资、管理等多方面的支持。入驻留学人员创业园的归国留学人员创办企业往往享受税收、房租、物业等方面的优惠措施。为了获得优惠政策与便捷服务，大多数归国创业人员都选择在留学人员创业园启动自己的事业。各地留学人员创业园也因此会聚了大量海外高层次人才，造就了一批高科技企业和高素质企业家。截至 2009 年 2 月，全国有各级各类留学人员创业园 110 多家，入园企业超过 8000 家，2 万余名留学人员在园内创业，涌现出一批像中星微电子、UT 斯达康、百度、无锡尚德等拥有自主知识产权、在各自领域内位居全国甚至国际前列的高新技术企业，对电子信息、生物医药、新能源、新材料、先进制造等产业的发展产生了重大的影响。

留学人员创业园作为提供归国留学人员创业所需配套服务的重要基础设施和归国留学人员创办企业的孵化基地，已成为全国各地高科技产业化和经济增长的新亮点，在引领和推动企业自主创新进程中发挥着越来越重要的作用。中国人事科学研究院 2011 年开展的留学人员回国创业状况调查显示，在对创业环境满意度的评价中，归国创业人员对我国有形基础设施、社会文化规范和政府项目资助等方面有着较高的评价①，反映出我国政府在鼓励与支持归国留学人员创业环境建设方面发挥了积极的作用。

受我国各级政府鼓励与支持归国留学人员高技术创业政策的感召，20 世纪 90 年代中期以来，许多海外留学人员纷纷踏上归国之路，在全国各地掀起高技术创业的热潮。

在刘祖华撰写的《“中国梦”掀起留学人才回国创业潮》一文中，提到一些归国创业人员对自己所在创业园区的评价。四川鱼鳞图数字技术有限公司（简称鱼鳞图）创始人罗旭斌认为：“国内的人才发展环境已经和 10 年前不可同日而语。尤其是对创业企业的支持和对创新的重视，很多方面甚至比美国做得更好。”鱼鳞图选择落户成都高新区，成都政府亦给予鱼鳞图重点支持，成都市领导亲临现场考察和指导公司业务发展，成都高新区创新中心为鱼鳞图的办公场地、融资、市场、管理和税收等提供了保姆式服务。对此，罗旭斌深有感触地说：“国内现在的环境，可以说是干一番事业的最好时期。走在成都的街头，跟走在纽约的街头，心里的踏实感是完全不可比的。”南通瑞达物联网络科技有限

---

① 范巍，蔡学军．2011．留学人员回国创业环境报告．北京：北京大学出版社．

公司（简称瑞达物联）创始人陆峥嵘选择在江苏南通崇川科技园创业。在企业落地过程中，崇川科技园提供了一站式、保姆式服务，实现了从企业签约入驻到公司开业整个程序“零等待”。对此，陆峥嵘感叹不已：“当初企业落户崇川，只花了近一个月的时间，就完成了全部落户手续，企业初创时期的资金、场地、生活等问题，政府全部‘打包’解决。”创立企业不久，陆峥嵘又入选江苏省双创人才和南通市首批江海英才引进计划资助的对象，获资助 200 万元。瑞达物联亦列在南通市服务外包重点资助企业的名单中，享受税收、销售收入、人才培训、房屋租赁等方面的优惠补贴，享受各类税费减免 130 余万元。陆峥嵘认为：“对于想回国创业和发展的人来说，不外乎天时、地利、人和，三者合一是做企业的最高境界。”对于拥有多项物联网技术国家发明专利的陆峥嵘来说，到崇川科技园创业得到了地方政府的大力扶植，可谓天时地利①。

然而，留学人员创业园并不代表我国整体创业环境，高新区的扶植政策更不能保证归国留学人员创办企业一路顺风顺水。毕竟，归国留学人员创办的企业成长到一定程度终究要脱离温暖的孵化器，其能否生存与发展终究还是要由市场来决定。政府的支持只是归国留学人员启动事业的助推器，而真正想达致事业成功，归国创业人员还必须面对中国不甚规范的创业环境，必须直面中国竞争激烈的市场环境。

李开复在与归国创业人员的对话中，有一段非常精辟：“在美国你们学到了一定的技术，对商业模式和产品开发有你独到的理解，这都是你的优势。如何打造基业长青的公司，如何重视这个公司长期的运营、文化、价值观，这也都是你们的优势。你在投行、VC，以及创业公司、大企业打过工，做过暑期实习，这些全部都是你的优势，但你的劣势是你多年不在中国，没有完整的人脉，不了解互联网领域怎么发展，对在中国如何做成一个产品没有足够的了解。只要看看前段时间新闻上的 3Q 大战，你就知道中国的环境和美国有多么不一样。”② 李开复的这段话说得比较直白，就是为了提醒归国留学人员，回国创业是否熟悉并适应中国的创业环境，是否对中国复杂的创业环境已作好足够的心理准备。

---

① 刘祖华．2011-10-17．“中国梦”掀起留学人才回国创业潮．中国组织人事报，第 02 版．

② 李开复．破解海归创业的三大密码．http：//www.iceo.com.cn/renwu/46/2011/0531/219116.shtml［2011-06-03］．

在归国留学人员创业大潮中，许多留学人员久疏国情且不擅弹性调节，水土不服的现象屡屡发生。不少留学人员在海外生活多年，缺乏对中国社会与中国文化的了解，缺乏对中国创业环境与商务规则的了解，自以为只要把先进的理念和技术带回“生我养我”的故乡，就能顺利开启自己的事业。在这种想当然的思想支配下，一些归国创业人员一味照搬国外模式，盲目开始创业历程，为日后的创业失败埋下了伏笔。一份针对归国留学人员的调查显示，对中国社会“人情世故”的不适应成为诸多归国创业人员的隐痛。可想而知，如果不了解国情，不融入中国本土文化，归国留学人员创办企业就有可能引发“二次文化冲突”。

不少归国留学人员回国后才深切体会到中国是人情社会，人脉关系非常重要。他们经常感慨，由于人际资源与社会关系不如本地企业，即使有性价比高于本地企业的产品，也很难进入一些注重人脉网络的市场。的确，在中国，即使有好的项目，如果不会与人打交道，如果不懂得争取政府资源，就会在创业途中多走很多弯路。海外留学人员既然选择归国创业，就必须“本土化”，就必须努力适应中国的创业环境。

哈尔滨乐辰科技有限公司董事长兼创始人薛杨就是一个善于“本土化”的归国创业人员。薛杨决定回国创业时考虑过人才瓶颈、资金困境等问题，但却没想到软件服务外包公司面临的最大困难居然是政策方面的：中国软件服务外包产业是一项复杂的系统工程，从财政部、商务部、科技部、工信部到海关总署等各个部门，都与这一产业的发展紧密相关。薛杨很快就意识到，政策的支持是他这样的创新型公司成长的加速器，发展服务外包产业更需要政府的有力支持。在这种情况下，不懂与政府打交道的薛杨决定给时任黑龙江省省长的栗战书写信。栗战书看到了薛杨整理撰写的《黑龙江软件外包产业当时面临的问题以及政府应在政策层面给予企业哪些支持》方案后，亲自到乐辰科技调研。① 在领导的关怀重视下，此方案最后促成了哈尔滨和大庆被国务院批准为国家服务外包示范城市，与此同时，也使薛杨深深体会到沟通的力量，既学会了如何与政府打交道，又通过政府的支持克服了企业发展中的政策瓶颈。

适者生存是竞争环境下企业生存与发展的不二法则。在复杂的创业活动中，一个人不是只有激情、热情和专业技能就能成功，还需要有深刻的洞察力和超

① 冯嘉雪．2011．海归创业贵在本土化．中国新时代，(8)：70.

强的适应力。海外留学人员在选择归国创业时，不能单凭自己的专利和技术，还一定要对创业环境有充分了解，既要充分利用当前有利于归国留学人员高技术创业的政策环境，也要深刻理解中国国情与中国特色的社会环境，这样才能在激烈的竞争中创业成功。

小　结

归国留学人员高技术创业不仅是时代潮流，而且也是时尚话题。近年来，我国各级政府出台了多项支持归国留学人员高技术创业的政策措施，媒体也热衷于报道归国留学人员高技术创业的成功案例。可以说，归国留学人员的高技术创业不只是经济现象，也是社会热点。

归国留学人员擅长在高技术领域创业，他们不仅在电子信息、生物医药、新能源、新材料、先进制造等领域创办了大批高科技企业，而且还创办出一批像中星微电子、百度、搜狐、无锡尚德等在国内外有影响力的知名企业，是提升我国企业自主创新能力、推进国家科技进步的重要力量。

但不可否认的是，随着经济的发展，随着中外技术交流与信息交流的日益频繁，随着国内高技术产品市场的竞争加剧，随着归国创业人员的不断增多，归国创业人员的相对优势正在逐步减少，所面临的创业困难也相对增多。

从德国留学归国创业的刘珂深有感触地说："相比五年前，海归不仅不再像过去那般受宠，许多先天不足的劣势也在逐渐显现。如缺少实际工作经验、对市场环境水土不服等，创业成功率在下降，对于刚回来的人来说更是如此。现在，很多人已经从对海归的盲目期望中走了出来，回归到比较理性的状态。"从新西兰归国创业的杜振宁说："现在，人们看待海归的眼光越来越理性化，估价也不再盲目。海归在事业起步时期的处境相比过去要艰难许多，心理落差不可避免，要作好吃苦的思想准备。海归对自身期望值过高，其实相当于把回国创业的门槛也垫高了，为自己设了道障碍，最终导致难以跨越。"[①] 上海张江企业孵化器经营管理有限公司总经理黄海燕也认为："创新不一定要创业，创业不一定要回国。""海外回来意欲创业的人要先看清机会在哪。先谨慎想好是否创业，再冷静考虑是否回国，不要把空谈的'回国'放在首位，不要轻易回来。因为

---

① 李楠．2008-05-03．"是什么降低了我们的价值？"——解析海归创业的硬伤和隐痛．人民日报海外版，第05版．

这意味着你要放弃在海外的一切，包括成绩、人脉，甚至是生活方式。没有人管你从哪来，没人在乎你以前是谁。”①

随着近年来归国留学人员创业优势不再明显，归国留学人员高技术创业面临着更多的风险。归国留学人员要在创业之初对自身素质、创业时机、创业组织和创业资源进行综合评估，要对创业所涉及的产品、技术、资金、人才、市场、环境等问题进行反复论证，再决定是否创业，怎样创业。只有充分地认识自己，深刻地了解市场，才能成功开启事业大门，有效提高高技术创业绩效。

① 周可，陶辰．黄海燕：海归创业，别都学马云乔布斯．http：//www.chinanews.com/lxsh/2011/09-26/3354532.shtml [2011-09-30].

政策篇

海外留学人员是我国人才资源的重要组成部分。《关于鼓励海外高层次留学人才回国工作的意见》指出，“有组织、有计划地吸引海外高层次留学人员回国工作，对提高我国金融机构、高等院校、科研院所、国有大中型企业的国际竞争力，适应加入世界贸易组织的需要，加强技术创新，发展高科技，实现产业化，建设一支富有创新能力的高素质人才队伍，具有十分重要的意义。”①

改革开放以来，我国归国留学人员开始了高技术创业的探索。到了20世纪90年代，我国更掀起了归国留学人员高技术创业的热潮。在留学归国人员创办的企业得以迅速发展、归国留学人员创业项目取得骄人成绩的同时，帮助归国留学人员开展高技术创业、提升归国留学人员创业效率也成为我国政府必须面对的现实问题。

一直以来，我国政府都很重视归国留学人员的高技术创业，特别是随着科教兴国战略和人才强国战略的实施，归国留学人员高技术创业更得到了我国各级政府有组织的资源环境支持。无论中央还是

① 人事部.2000.关于鼓励海外高层次留学人才回国工作的意见.人发〔2000〕63号.

地方，都出台了多项政策措施，在鼓励归国留学人员高技术创业、帮助归国留学人员创办企业成长、提高归国留学人员创办企业成活率方面发挥着积极的作用。

本篇研究得到了国家软科学研究计划“全球背景下政府支持企业自主创新的途径和方式研究”课题的资助。本篇分析了部分国家与地区支持海外留学人员回归创业的做法，回顾了我国支持归国留学人员高技术创业的政策历程与政策特点，全方位探究了我国支持归国留学人员高技术创业的政策体系。

第八章 部分国家和地区支持海外留学人员回归创业的政策措施

随着世界经济的发展和全球竞争的加剧，吸引海外留学人员回归创业成为不少国家和地区政府关注的热点问题。除了少数欧洲国家之外，大多数新兴国家和地区都拥有庞大的海外族裔，海外族裔人才被新兴国家和地区视做重要的战略资源。部分新兴国家和地区制定了吸引海外留学人员回归创业的政策措施，在一定程度上推进了当地经济社会的发展。具体来说，新兴国家和地区在吸引海外留学人员回归、促进其高技术创业方面主要有以下经验与做法。

一 高技术创业服务体系

很多国家和地区都设有专门为本国和本地区留学人员服务的政府机构，如日本的文部科学省和外务省，印度的海外印度人事务部，韩国的教育科技部和外交通商管理部，中国台湾的主管经济、科学、教育的行政部门及青年创业辅导委员会。只是不同国家和地区的留学事务管理机构在促进海外留学人员回归创业方面承担的职责有所不同。

有些国家和地区的留学事务管理机构仅负责留学人员的留学事宜，很少关注海外留学人员的回归创业问题，这种情形在发达国家中比较普遍。以日本为例，日本文部科学省的高等教育局学生支援科主要负责公费海外派遣制度、奖学金借贷制度和海外安全等问题，较少涉及海外留学人员归国创业问题，这与日本当前创业门槛较高、创业投入较多及政府较少介入创业投资领域有着很大的关系。日本归国留学人员如果想创业的话，要么自己出资，要么走市场化道路，即凭借商业计划书向企业、个人或银行申请资助或贷款，然后再以股权或利息的形式回馈投资者或银行。

有些国家和地区的留学事务管理机构有专门促进海外留学人员回归创业的职能。印度于 2000 年 9 月设立了海外印度人高级委员会，专门负责印度侨民政策研究。该委员会虽然直属外交部，但直接向印度总理负责，主席是国会议员，其主要成员都是包括前外交部长在内的外交官员。海外印度人高级委员会主要负责了解印度侨民在印度经济社会和科技发展中的作用，调研印度侨民对印度政府的期望，为制定和改进印度侨民政策提出政策建议。[①] 2004 年，印度又专门设立了海外印度人事务部，专门负责侨民事务管理。该部门不仅为海外印度人提供形式多样的服务，而且还通过《海外印度人手册》向海外印度人宣传介绍归国创业的相关政策与相应程序，还与海外印度人研究中心等机构合作，为海外留学人员的高技术创业提供信息服务和政策咨询。

中国台湾于 1966 年成立了青年创业辅导委员会，主管青年创业与就业问题。其中青年创业辅导委员会第三处是专门为留学人员、学术与科技团体提供创业辅导与就业协助的科室。该处成立以来，一直通过搭建信息平台、建设人才网络、举办联谊活动、协调岛外机构等方式吸引人才回归创业。1992 年后，青年创业辅导委员会每年都和主管科学与经济的行政部门合作组织“延揽科技人才访问团”，主动吸引学有所成的留学人员回中国台湾工作或创业。21 世纪以来，青年创业辅导委员会第三处将留学人员的创业辅导与创业支持作为工作重点，通过协助留学创业人员回中国台湾创设公司、帮助留学创业人员获得投资贷款、对留学创业人员进行跟踪辅导、向留学创业人员提供优惠住房贷款、为留学创业人员及其子女提供教育津贴、为参与创业的岛外专家学人增加工资津贴、提供回中国台湾的旅费和零用金等方式，切实帮助留学人员回中国台湾创业。

还有些国家和地区虽然没有设立专门促进海外留学人员回归创业的机构，但是亦通过科技教育主管部门对海外留学人员的回归创业提供相应的支撑。例如，韩国教育科技部下设人才政策办公室与国际合作局。前者下辖人才政策计划局、人才发展局和人才政策研究局，分别负责制定、执行和评估人才政策；后者专门负责国际合作事宜，资助优秀留学人员出国进修和鼓励优秀海外人才回国工作，亦为海外归国留学人员提供各种项目信息。此外，韩国政府还建立了各部门参与的“科技人才共同实务协议会”，共同协调国家人才开发计划。这些机构通过人才政策和科技政策为海外留学人员回国发展提供支撑，在一定程度上促进了韩国归国留学人员的高技术创业。

---

① 张应龙，黄朝晖．印度侨民政策研究．http：//qwgzyj. gqb. gov. cn/ygqw/121/421. shtml [2011-05-12].

除了政府部门外，不少国家和地区还通过民间或半官方社团对海外留学人员的归国创业给予帮助。韩国于20世纪70年代成立了政府主导的民间组织——韩国科学工程基金会，并在世界主要国家设立了多个韩国科学家和工程师专业协会，通过学术活动和信息交流促进韩国海外留学人员的回归。在这些国家和地区帮助留学人员回归创业的社团法人背后，往往都有政府部门不同程度的参与和支持。韩国政府不仅为韩国科学家和工程师专业协会提供经费、购买租赁办公场所，还鼓励韩国企业向韩国科学家和工程师专业协会提供赞助。

中国台湾通过工商建研会、台湾省海外科学家协会、玉山协会等岛内外社团法人，开展针对创业者的创业辅导、学术交流、联欢联谊等活动，为创业者搭建信息沟通与机会分享的平台。与此同时，中国台湾也积极资助留学人员的联谊活动和科学家协会的各项工作，其中，中国台湾主管教育的部门驻洛杉矶联络组表现得最为活跃。

从全球范围来看，目前大多数国家和地区并没有建立起专门促进海外留学人员回归创业的组织体系，其与海外留学人员回归创业有关的政策措施往往来自科技教育主管部门、外事主管部门和经济主管部门。但也有一些国家和地区已逐步建立了支持海外留学人员回归创业的组织体系。

中国台湾目前已形成“政府、社团、企业”三角定位、彼此互相支持的促进留学人员回归创业的组织体系。这与中国台湾积极吸引人才回归的政策意图有着很大的关系。也正因为如此，不仅中国台湾的工商建研会、玉山协会、台湾省海外科学家协会等岛内外社团法人倾力相助，而且一些返回中国台湾的专家也发起民间组织协助延揽人才回中国台湾工作，其中以“良好人才基金会”和“贝尔人俱乐部”最为知名。与此同时，中国台湾产业界人士也出资创立教育基金和创业基金鼓励留学人才的回归。例如，中国台湾趋势科技创办人张明正、陈怡蓁夫妇设立了“趋势网络软件教育基金会”，南加利福尼亚州玉山科技协会顾问理事柯如苏博士设立了“柯如苏博士新世代创业奖学金”，这些教育基金和创业基金在鼓励中国台湾青年学人高技术创业的同时，亦在留学人员中形成了相当的影响力。

二　高技术创业扶助途径

进入21世纪以来，许多国家和地区通过创业扶植、投融资优惠、税收激励、财政资助、建设科技园、发展孵化器等多种形式促进海外留学人员高技术创业。

（一）进行创业辅导与创业扶植

许多国家和地区都对包括海外留学人员在内的创业者进行创业辅导与创业扶植。

印度海外印度人事务部编制了《海外印度人手册》，向海外印度人介绍印度外商投资政策、非居住印度人投资政策和对非居住印度人的税收优惠政策，并大力推介印度特别经济区和各州的投资机会。印度科技企业发展委员会还与印度工商联合会共同创建了技术创新管理和企业管理信息网（www.techno-preneur.net），为高科技企业创业者提供技术、项目、筹资办法、奖励办法、工业基础设施，以及印度政府和地方政府相关政策环境方面的资讯，为印度海外留学人员创建高技术企业提供全方位的网上信息服务。此外，印度政府还制订了新创人才培训计划、企业创业意识夏令营计划、企业发展培训计划、技术发展培训计划、企业开放式学习培训计划、科技开发技能培训计划等多项人才培训计划，对印度国内外创业者进行创业辅导。

中国台湾编印了各类服务手册，向留学人员发送，并将青年创业辅导委员会的工作重点从旅费补助转向创业辅导，向回中国台湾的专家学者和工程技术人员介绍投资政策、税收政策、金融政策和创新政策，帮助创业者获得兴办企业所需的贷款、生产用地和其他必要设施。

除了进行创业辅导外，一些国家和地区政府还为海外留学人员的回归创业提供资金支持，并对作出突出贡献的创业人员给予一定的奖励。

印度科技部制订了“本土技术发展计划”，几乎所有在印度本土从事技术研发的企业和研究机构都可从该发展计划中得到资助，对在本土开展高技术创业的海外留学人员颇具吸引力。印度国家技术发展委员会为本土技术和引进技术的产业化提供股权资本支持、优惠贷款帮助和适度经费资助，以促进本土技术的开发与产业化和引进技术的消化吸收与推广应用。印度政府还鼓励企业加入印度创业发展网、科技创业发展项目、促进技术人员创业计划、科技创业园计划和科技企业孵化器计划，以推进高科技企业的成长与发展。其中，促进技术人员创业计划以支持和促进开发个人创新潜能为目标，在帮助创新人才设立高科技企业、为高科技企业提供服务的同时，还可为符合要求的创业人员提供最多近90%的初创期经费。

韩国通过立法、政策引导等方式促进海外留学人员归国创业。韩国政府一向积极支持中小企业发展，先后出台了《中小企业产品购买促进法》、《小企业合作法》、《支持高新技术和知识密集型企业发展的特别措施》等法案，以及产业技术开发计划、促进中小企业十年长期计划等计划，不仅在资金、人才、技术、场地等方面积极支持中小企业发展，而且在投融资、税收、孵化器建设等方面为中小企业提供优惠政策。由于韩国归国留学人员创办企业多为中小企业，所以这些政策措施对韩国归国留学人员的高技术创业有很大的帮助。

中国台湾早在1999年就制订并实施了“鼓励中小企业开发新技术推动计划”，以资金补助的方式鼓励中小企业进行技术创新，对留学人员返回中国台湾从事高技术创业有一定的扶植作用。近年来，中国台湾开始实施“挑战2008”重点发展计划，其中国际创新研发基地计划、产业高值化计划、e世代人才培育计划、生物科技发展计划、纳米科技发展计划、芯片系统科技发展计划、电信科技发展计划等重点投资计划都与企业发展有着密切的关系。这些计划一般都向本地企业开放，留学人员创办的本地企业亦能参与其中，符合条件的企业可获得一定的支持和资助。①

（二）提供投融资优惠

为了鼓励海外留学人员回归创业，一些国家和地区政府向海外留学人员提供了优惠的投融资条件。

印度政府为吸引海外印度人回国投资，于20世纪90年代通过“优惠存款利率”吸引海外印度人向国内汇款，推出“复兴公债计划”吸引海外印度人回国直接投资。印度政府在《海外印度人手册》中详细介绍了外商投资和非居住印度人投资印度可以得到的优惠政策。例如，拥有外国国籍的海外印度人免签证出入印度，海外印度人可在印度国内购买土地，海外印度人在投资项目上享受投资收益返还、所得税减免等优惠，对海外印度人投资进行基金扶植，对贡献突出者给予奖励等政策。

中国台湾规定，回中国台湾创业者可以享受各类优惠政策。以新竹科学工

---

① 刘建兴．2002．评台湾“挑战2008”六年发展重点计划．统一论坛，(6)：44-46.

业园为例，其主要优惠政策[①]有以下几点。①投资优惠政策。对鼓励发展的一些重要高新技术产业，园区以直接投资或优先提供长期贷款方式予以扶持。符合工业园区引进条件的高科技产业，可申请园区参与投资，投资专款经批准后可在科学技术发展基金或其他开发基金中划拨，最高出资额可达总资本金的49%，且投资者可以购回全部股权；投资者如以技术作为股份投资，最高可以拥有总股份的25%；岛外投资者可享有与岛内投资者相同的优惠条件和权利，可以享受投资优惠政策。②税收优惠政策。工业园内新办的高新技术企业从其产品开始销售起一年内，可以自行选择以下优惠：连续五年免征企业所得税；对企业进口自用的机器设备、原料、燃料等免征进口税，且无须办理免征担保记账及押税手续；区内企业以产品或劳务外销者，其营业税为零且免征货物税。③土地厂房租用优惠政策。园区建设了大量规划完备的设施和厂房，并以低廉的价格出租给创业企业；对被认定为对中国台湾发展有特殊贡献的工业投资，可减免土地租金五年。④技术创新鼓励政策。园区制定了“新技术研究发展计划奖助实施要点”等政策，鼓励研究开发和技术创新；园区资助技术创新开发资金，最高额可达该项目计划所需经费一半，由此极大地调动了创业者进行技术创新和产品开发的积极性。

资金往往是海外留学人员创业与发展的瓶颈，因此，金融支持对于创业企业来说至关重要。在直接融资方面，海外留学人员的高技术创业往往离不开风险投资和创业板市场的支持。印度、韩国、中国台湾等都大力发展风险投资，对风险投资企业给予多种政策优惠。

印度围绕着发展软件产业，推出鼓励风险投资的优惠政策，形成了包括国家风险基金、联邦风险基金和私营风险基金在内的不同层次和性质的风险基金。韩国政府成立了中小企业投资创业基金会，发起设立了数额高达1万多亿韩元的风险企业投资基金，为风险投资企业提供低息贷款或无息贷款。

与此同时，韩国、印度、马来西亚等国都设有中小企业板融资市场，其中以韩国的高斯达克证券市场最为有名。尽管存在着比较多的投机活动和比较高的商业风险，但这些中小企业板市场的确成为中小企业创业极为重要的融资场所，为海外留学人员从事高技术创业提供了重要的融资渠道。

---

① 佚名．科技创业园建设情况初探．http：//wenku.baidu.com/view/d0faadc59ec3d5bbfc0a7407.html［2012-08-08］.

在间接融资方面，海外留学人员的高技术创业需要银行体系的支持。韩国已形成了由韩国产业银行、韩国进出口银行、韩国中小企业银行、韩国信用基金等组成的中小企业融资体系，在为韩国中小企业提供创业贷款和创业担保方面发挥着积极的作用。就韩国创业贷款而言，创业者可凭借银行认可的商业计划向政府申请创业贷款，并由政府指定的银行对符合条件的企业提供低息贷款；就韩国担保基金而言，其信贷担保基金和技术信用担保基金可为无法享受信贷担保的中小企业或以新技术为基础的企业提供担保服务。此外，韩国还建立了商业保险体系，以保护因销售中收到欺诈性商业票据而濒临破产或资不抵债的中小企业。这些政策措施对韩国海外留学人员归国从事高技术创业有一定的帮助。

印度已建立起以印度工业开发银行、印度技术开发与信息有限公司、印度风险资本与技术金融有限公司等专门金融机构为中心，对高新技术商品化、产业化进行系统扶持的金融体系，并对包括归国留学人员创办企业在内的初创企业给予低息贷款。

中国台湾通过专案贷款的方式对留学人员高技术创业给予适度的金融支持，而且，依据《辅导青年创业要点》的规定，回中国台湾创业的留学人员可凭借创业经营计划向青年创业辅导委员会申请项目融资。一经批准，青年创业辅导委员会将青年创业辅导委员会推荐书和创业经营计划送交有关金融机构。根据青年创业辅导委员会的推荐，合作银行、台北市银行等机构将根据情况予以贷款支持。与此同时，台湾省中小企业信用保证基金还可为适格中小企业提供融资信用担保，这些政策措施大大拓展了回中国台湾留学人员高技术创业的融资渠道。

（三）实施税收激励

通过税收优惠激励高技术创业也是大多数国家和地区普遍实施的政策措施，印度、韩国、马来西亚、新加坡、中国台湾等新兴国家和地区都在这方面有积极的作为。

在印度，对海外印度人创业的税收激励主要体现为所得税减免。《海外印度人手册》中规定，印度对非居民所得税以居住地为基准征收，外国人符合印度的居住地条件就必须在印度交纳所得税。一般来说，一年中在印度居住 182 天以上或近四年在印度居住 365 天以上，即平均每年 60 天以上的情形均应向印度交纳所得税。为了吸引海外印度人回归，印度政府放宽了海外印度人的居住地条件，规定已有外国国籍的印度裔享有特别的所得税优惠，即海外印度人一年中在印度居住182天以上的情形不需向印度交纳所得税，这显然大大放松了海外印度人的居住地条件，减少了海外印度人所得税应税额度。[①] 印度政府还对海外印度人来自印度公司的股息收入和转让印度公司的股权收益免除所得税。此外，印度软件产业还一直享有特别税收优惠。1986年，印度发布的《计算机软件出口发展和培训政策》规定，软件企业加入印度软件技术园区后可以享受进口完全免税、本地采购完全免税、允许外资百分之百地进入、创办软件企业10年内免交公司所得税等税收优惠。1998年后，印度又推出了“印度信息技术行动计划”，加大了对软件业的税收减免力度，推出了对软件业实行零关税、零流通税和零服务税的税收优惠政策，这些政策措施有力地推进了海外印度人回印度开展高技术创业。

在中国台湾，留学人员创业较为集中的新竹科学工业园对岛内外创业者提供了一系列税收优惠政策，主要包括五个方面[②]：①企业进口的自用机器设备、原料、燃料、半成品、物料及货物等，均免征税捐；②园区内货物或劳务外销者，免征货物及营业税；③在园区内购买厂房及有关建筑物，免征契税；④园区内企业可减免土地租金五年；⑤企业正式营业头九年内连续免缴所得税，以后每年缴纳的所得税不超过赢利的22％。

其他国家和地区也通过税收优惠吸引海外留学人员回归高技术创业。马来西亚政府规定，对回国创业的归国留学人员免除两年所得税及所有固定资产税，对其配偶及子女发放永久居留证。新加坡政府规定，属于非居民的个人在新加坡所收到的海外收入不需要在新加坡交税。这些税收优惠政策在激励海外留学人员回归创业的同时，也增强了这些国家对海外人才的吸引力和凝聚力。

（四）建设科技园，发展孵化器

科技园区往往是各国和各地区科技资源最为聚集、知识交流最为活跃的区域，也是各国和各地区海外留学人员高技术创业最为集中的地方。因此，许多

---

① Ministry of Overseas Indian Affairs. 2007. Handbook for overseas Indians. http：//moia. gov. in [2011-06-08].

② 韩正忠．2001．台湾新竹科学工业园区的成功之道．新企业，(12)：36，37.

国家和地区都建立了科技园区，比较著名的有“印度硅谷”班加罗尔科技园、“韩国硅谷”大德科学城、“台湾省硅谷”新竹科学工业园等。这些科技园凭借优惠政策与便利服务聚集了众多从事高技术创业的留学人员，成为人才回归工作与创业的首选基地。而留学人员带回的科学技术与经营理念在科技园逐步生根壮大，亦有利于推进本国或本地区高新技术产业的发展。例如，印度实施的“软件技术园区计划”有力地促进了印度软件产业的快速发展；新竹科学工业园的高技术企业推进了中国台湾电子产业的发展。

一些国家和地区还比较注重创业孵化器的建设，往往依托科技园、高校或研究机构设立创业孵化器，帮助初创企业度过早期发展瓶颈期。在政府的引导与支持下，许多国家和地区创业孵化器发展迅速，呈现出多样化发展特征：既有以政府投入为主的创业孵化器，也有以财团法人投入为主的创业孵化器，还有以研究机构或大学投入为主的创业孵化器。鉴于创业孵化器具有鼓励创新、容忍失败、聚集资源、提供服务等功能，目前已成为各国和各地区推进海外留学人员回归创业的重要载体。

（五）建立国际高层次人才网络

国际高层次人才网络既是一个国家和地区的人才库，亦是科技信息与事业机会交汇集聚的平台。因此，印度、韩国、马来西亚、中国台湾等都很重视国际高层次人才网络建设。

印度培养了大量的人才，特别是印度理工学院的毕业生，毕业后往往会到国外继续深造或工作。印度的政策制定者们对印度人才外流现象很是痛心，于1959年开始投资创建科学人才库，并在主要西方国家创设了海外专家人才数据库，以推进印度留学人员的回流。20世纪90年代以来，印度人才外流态势发生逆转，印度迎来了海外印度人归国潮。这些从海外归来的、具有全球化眼光的印度人既熟悉本国的文化和社会经济环境，又了解海外的文化和社会状况，掌握着先进的技术、领导和管理经验。他们当中有许多人在印度国内外都有业务，与国外的大学、科研机构和企业有着千丝万缕的联系①，成为印度发展的重要智力资源。为了进一步增进与海外留学人员的联系，2003年，印度政府创设了“海外印度人节”，在一年一度的庆祝活动上奖励贡献比较突出的海外印度人。

---

① 黄军英．2007．印度科技崛起的原因．海峡科技与产业，（4）：45-48.

2006年，印度政府发布了《海外印度人手册》，宣传介绍印度政府给予海外印度人的各项优惠政策。这些政策举措使海外印度人感觉到国家对自己的重视，促进了许多外流人才的回归。与此同时，以班加罗尔的“人才猎头”公司为代表的印度企业也建立起自己的海内外高科技人才网络，利用高薪、股票期权、良好的工作生活环境等条件吸引海外人才的回归。

韩国教育科技部从20世纪70年代起，就在世界各国成立了韩国科学家和工程师专业协会。在韩国政府的支持下，韩国科学家和工程师专业协会每年都会组织当地韩裔会员进行科学研讨与信息交流。韩国教育科技部国际合作局还通过网络平台、会议交流等形式，为海外人才长期或短期回归提供多样化信息支持。

中国台湾青年创业辅导委员会从1974年起，开始搜集留学人员的专长资料，分文、理、法、商、工、农、医、教育、美术、海洋等10个学科，将在岛外工作的高科技人才资料输入电脑，并通过“网上求才求职数据库”、“海外中心简讯”等数字化联系手段，向留学人员介绍中国台湾的就业创业环境，动员他们回中国台湾服务。中国台湾还在许多国家建立了海外科学家协会，向海外留学人员发送“求才讯息”、“海外中心简讯”等资料，加强与留学人员的联系。中国台湾每年在美国东西海岸召开招揽科技人员回中国台湾的研讨会，并在中文报纸上刊登各种招聘广告，宣传延揽人才的信息与办法。中国台湾还利用假期组织留学人员回中国台湾观光，使他们有机会近距离接触中国台湾社会，增强其回中国台湾服务的意愿。与此同时，中国台湾还通过学术活动和联谊活动，向大批人才撒网，这些政策措施都起到了维系留学人员感情、吸引人才回归的作用。

三 海外人才回归优惠政策

当今世界，科技竞争不断强化，人才竞争亦日趋激烈。很多国家和地区为吸引海外高层次人才，频频出台优惠措施。据联合国统计，到2006年年底，世界上大约有30个国家制定了吸引高层次人才的移民政策或计划，美国、法国、英国、澳大利亚等发达国家都在其中。而发展中国家和地区亦意识到了本地海外留学人才的重要性，利用自身发展的契机和海外留学人员的家国情结，积极采取各种政策措施吸引海外人才回归。

发展中国家和地区饱受人才外流之害，较早开始制订鼓励人才回归的计划。印度政府于1959年制订了引进与接纳归国留学人员的“科学人才库计划”，并于1993年设立了为海外印度科学家回国讲学与回国工作提供费用的“土克坦项目”。韩国政府制订了长期回国计划、临时回国计划和外国学者访问计划，并通过“G-7计划”和“21世纪两万美元时代人力资源开发综合对策”等举措吸引海外高层次人才回归。泰国政府于1996年开始实施人才回流计划。

中国台湾于1983年颁布了《培育和招揽高级科技人才方案》，1988年实施了“海外人才交流计划”，1995年实施了《协助台湾民营企业引进海外产业专家返台服务暂行作业要点》，20世纪末又制定了“跨世纪海外人才战略”，提出了吸引全球最顶尖科技人才的“伯乐计划”和补助在岛外攻读博士学位与博士后学生的“菁英留学计划”。

由于与发达国家的生活水平、工作条件、收入水平等方面存在着相当差距，新兴国家和地区往往通过各种优惠政策吸引海外留学人员的回归。

（一）提供优厚的物资补助

为海外留学人员回归提供比较优厚的物资补助是发展中国家和地区吸引海外人员回归的普遍做法。

韩国政府对归国的海外高层次人才的主要补助措施包括搬家费（如回归人员及家属的飞机票、家具搬运费等）、免费住房或住房补贴、海外旅行津贴、孩子的教育补贴、当地交通补助（免费交通、免费或低价汽车维修）、培训费等费用。

印度政府主要通过提高归国留学人员工资待遇，给予归国学者科研仪器设备、资本货物等关税和国内税方面的优惠，允许归国科技人才继续在国外银行存款3年，为归国科技人员建立专门住宅区，增加对归国科技人才重点研究项目的拨款等方式吸引海外高层次人才归国服务。此外，印度政府还通过“土克坦项目”，向海外印度科学家提供回国讲学和工作的费用，吸引海外印度科学家通过讲学和工作把国际学术信息和前沿科学技术带回印度。

中国台湾规定，凡具有硕士以上学历，且志愿返回中国台湾工作的留学人员，对其本人、配偶和两名孩子提供返回中国台湾的旅费。留学人员回中国台湾前可先向中国台湾在当地办事机构提出旅费补助申请，办理旅费补助请领证，回中国台湾后一个月内持旅费补助请领证、全程飞机票存根和相关证件到青年创业辅导委员会办理旅费补助手续。青年创业辅导委员会还帮助回中国台湾的科学家和工程师介绍工作和投资机会，并通过发展公立研究中心和高技术园区推进研究人员和工程师大批返回中国台湾。此外，中国台湾还制定了《协助台湾民营企业引进海外产业专家返台服务暂行作业要点》，在积极吸引产业技术人才回中国台湾工作的同时，重金引进产业专家回中国台湾服务。

新加坡政府规定，企业在招聘、培训外来人才方面的支出，以及为外来人才提供高薪、住房等福利待遇方面的支出可享受减免税。与此同时，新加坡政府还通过调低个人所得税、出资为在新加坡工作的外籍人员提供培训机会等手段，增强对外来人才的吸引力。

泰国政府规定，具有博士以上学位且具有两年以上国外工作经验的留学人员，如愿意回国服务，政府将适当补偿其在国外学习生活的费用，以增强海外人才回国服务的意愿。

哥伦比亚和阿根廷等国政府也为归国服务的海外专家提供归国费用、信贷优惠和海关特惠，以此来吸引海外人才的回归。

（二）提高就业吸引力

提供就业帮助、提供就业职位进而提高就业吸引力也是发展中国家和地区吸引海外留学人员回归的重要做法。

印度规定，对科学人才库计划接收的印度归国留学人员，科学人才库先把他们安排在大学、研究机构、企业界或其他合适的部门工作，并根据他们的学历和资历给予报酬。在这期间，他们可以竞聘一些自己乐意从事的工作或职位，直到他们获得合适的就业机会或创业机会才脱离科学人才库。与此同时，印度还制定了专门针对海外归国人员的工资政策，以减少同类人才内外薪金之间的差距，推动归国人才的薪金水平向西方国家看齐。

中国台湾制定了为留学人员提供服务的一系列规章制度，为返回中国台湾工作的专家提供研究职位和高校职位，并在青年创业辅导委员会设立专门机构向回中国台湾的科学家和工程师介绍工作机会和创业机会，帮助留学人员解决回中国台湾后可能面临的各种问题。

事实上，非发展中国家也通过提高就业吸引力的方式吸引海外人才。新西兰、俄罗斯等国都为海外高层次人才提供高薪待遇。日本更开放了国家实验室主任等职位，供海外日本学者竞争上岗。加拿大则通过向重点科学项目和实验室追加投资、改革个人所得税制度等政策措施吸引海外高层次人才。可见，提高就业吸引力已成为这些国家和地区吸引海外高层次人才的重要手段。

（三）设立资助基金与奖励基金

部分国家和地区通过科技计划或科研基金的方式资助海外留学人员回归从事科学研究。

韩国政府规定，凡具有韩国血统、取得博士学位后具有两年工作经验并发表过科技学术论文的科技人员，可以申请韩国科学与工程基金会的资助。印度政府对海外印度人投资的高科技企业提供技术开发基金。德国政府拨款 1.2 亿马克科研经费，专门资助海外人才归国从事科学研究。法国医学基金会 1997 年制定了鼓励研究人员回国补助金制度。澳大利亚和爱尔兰政府也拨出专项经费，用以防止高级人才的流失，促进海外人才资源的回流。

不少国家和地区还制定科技奖励政策鼓励海外留学人员的创业创新。印度设立了“杰出贡献萨满奖”，每年在海外印度人节上奖励贡献突出的海外印度人。加拿大设立了总理科研杰出奖，用于奖励回国服务的杰出青年科学家。韩国设立了“总统奖”、“韩国科技大奖”、“青年科技工作者奖”等门类众多的科技奖励，激励包括归国留学人员在内的科技工作者进行科技创新。

（四）灵活处理国籍问题

国籍政策在国际人才竞争中有着举足轻重的作用，灵活且富有弹性的国籍政策是各国与各地区吸引外来人才的重要措施。

据不完全统计，目前全世界有 90 多个国家和地区承认或默认双重国籍。为了吸引外国高级技术人才，美国、德国等发达国家实施了绿卡制度。以美国为例，在全世界最优秀的大学前 40 强中，美国占据其中的 3/4，且招生不局限于国内。超过 1/3 的美国科学与工程博士学位由外国留学人员获得。同时，美国移民部门欢迎高层次人才入籍，且当美国公民取得他国国籍时，不会丧失美国国籍。因此很大一部分在美国获得博士学位的外国科学家和工程师会选择留下。①

---

① 王辉耀．海归返途绊脚石多，专家呼吁加速完善人才接轨制．http：//blog. sina. com. cn/s/blog_46ebb5ba0100grmu. html [2011-03-21].

在发达国家利用绿卡制度大力吸纳海外高层次人才的背景下，许多拥有海外族裔人才的新兴国家在20世纪90年代后都不约而同地改变了国籍政策，巴西（1995年）、墨西哥（1998年）、印度（2005年）、菲律宾（2001年）、印度（2005年）、越南（2009年）、韩国（2011年）等国或者明确承认，或者变相承认，或者默认了双重国籍。①

（五）建立国际研发基地

跨国公司在发展中国家和地区设立研发机构、建立国际研发基地会创造大量的高薪职位，不仅有助于稳定本土科技人才，而且还可以吸引海外高级人才回流。印度、新加坡、中国台湾等都在吸引跨国公司设立研发机构、建立国际研发基地方面有着积极的作为。

印度通过实施“软件科技园计划”，吸引国际知名软件公司落户印度软件科技园。新加坡通过智慧岛建设方案，利用发达国家政策与法律方面的限制性措施，大力吸引生物技术领域的跨国研发机构入驻智慧岛。

中国台湾提出了“国际创新研发基地计划”，积极鼓励岛内外企业、研究机构在中国台湾设立各种产业研发中心，其主要政策措施如下：①以经济有效的方式协助产、官、学、研各界，扩大延揽岛外科技人才；②积极加强与世界各国学术交流，吸引更多外国学生来中国台湾学习；③扩大全球留学辅导，鼓励中国台湾学子留学；④提升大学教学及研究水准，将中国台湾建设成全球学术网络的亚太中枢。这些政策措施不仅推动了跨国公司在中国台湾设立研发基地，而且带动许多留学人员回中国台湾工作。

这些回归从事研发工作的海外留学人员既享受着跨国公司的待遇，又形成了知识交流与知识溢出的氛围，其拥有的先进技术和开阔视野对这些国家和地区科技竞争力和产业竞争力的提升有着积极的作用。

---

① 吕宁思．双重国籍可减少人才及财富流失．http：//news.ifeng.com/mainland/detail_2011_04/02/5526370_0.shtml [2011-04-02].

第九章 我国支持归国留学人员高技术创业的政策体系

归国留学人员不仅是我国人才资源的重要组成部分，而且也是我国最为活跃的创业群体之一。建立和完善支持归国留学人员高技术创业的政策体系对加快创新型国家建设、推动我国经济社会全面发展具有重要的战略意义。

一 政策历程

我国政府对归国留学人员创业的关注程度与中国留学事业发展历程有着密切的联系，也与归国留学人员高技术创业的活跃程度有着很大的关系。新中国成立以来，我国支持归国留学人员创业的政策经历了从无到有、从不太成熟到逐渐完善的过程。

新中国成立初期，我国出国留学人员多系国遣公派，留学目的地多为苏联和东欧国家。这些留学人员归国后一般接受国家安排，多在科教文卫与国防建设领域从事各项工作。

1966 年后，受“文化大革命”的影响，我国留学事业基本停滞。在这一历史时期，我国国有经济和集体经济占据绝对主导地位，民间基本上没有什么创业活动，归国留学人员也不可能拥有自主创业的想法和行动，相应地，也不可能形成任何与归国留学人员创业有关的政策。

1979 年，随着“中美互派留学生协议”的签订，国家重新启动出国留学工作，我国逐步进入了以公费留学为主、自费留学渐热的精英留学时期。这一时期，出国留学渐成时尚，出国热不断升温。随着时间的推移，从 20 世纪 80 年代中后期开始，一批较早出国的留学人员踏上回国之路，其中包括许多自费留学人员。由于国家不包分配，档案没有接收单位，这些自费留学人员面临着落户难、存档难等现实问题。

为解决自费留学人员的实际困难，1989 年，我国成立了中国留学服务中心，专门为留学人员提供服务。同年，上海率先建立了上海回国留学人员服务中心，各地政府相继跟进，不久以后回国留学人员服务中心便遍布全国。中国留学服务中心与地方回国留学人员服务中心的设置为留学人员归国提供了诸多便利，在很大程度上解决了自费留学人员归国的后顾之忧。

与早年归国留学人员多进入科教文卫领域不同，中国市场经济的迅猛发展使20世纪80年代中后期回国的海外留学人员有了更多的选择。许多归国留学人员回国后积极投身市场经济大潮，有的进入成熟企业，有的去了跨国公司，也有小部分选择自主创业，出现了空间分布较为分散的归国留学人员零星创业。这些先行的归国留学人员创立的企业现在大多已经消失，但亦有部分企业持续经营至今，何鲁敏创办的亚都就是那时归国留学人员高技术创业的成功范例。

这一时期，高新技术产业发展已开始受到国家的重视。1988年，我国出台了第一部专门指导发展中国高新技术产业的计划——国家火炬计划。几乎同时，我国批准设立了中国第一个高科技园区——北京新技术产业开发试验区（后更名为“中关村科技园”）。随后，我国各级政府相继设立了一批国家与地方高新技术园区，在全国掀起了高新技术园区建设热潮。

为推进高新技术园区的发展，我国各级政府制定了多项鼓励高科技企业发展的优惠政策，为高科技企业的创立与发展提供了良好的政策环境。高新技术开发区的建设极大地调动了包括归国留学人员在内的广大知识精英高技术创业的积极性，成为会聚高科技人才、聚集高技术创业的重要区域。

尽管由于当时留学人员创业活动数量相对较少，我国各级政府并未出台专门针对归国留学人员高技术创业的政策措施，但社会还是对归国留学人员高技术创业这一新生事物给予了一定的关注，媒体亦对归国留学人员高技术创业个案进行了一些报道。

20世纪90年代，我国留学事业进入了快速发展阶段。1993年，我国制定了“支持留学，鼓励回国，来去自由”的留学方针，出国留学渐成时尚，自费出国人数迅速增长。与此同时，学成归国的留学人员也日益增多，其中大部分是自费留学人员。与公费留学人员归国后多选择回归体制内单位有所不同，自费留学人员大多投身市场经济大潮，其中部分归国留学人员选择了自行创办企业或合作创办企业，如留澳归来的方杰创办了奥普电器，留日归来的褚健创办了浙大中控。

地方政府最先注意到海外留学人员归国创业现象，开始有意识地引导海外留学人员来本地创业。1992年，上海出台了《上海市鼓励出国留学人员来上海工作的若干规定》，并在随后公布的《关于出国留学人员来上海投资兴办企业有关规定的通知》中规定，海外留学人员在上海兴办企业的注册资金起点为 1 万美元，远低于当时国家对外商投资企业注册资金 20 万美元的起点要求。上海对归国留学人员创办企业在注册资金上的制度创新，立即引起了人们的关注。由于实施效果良好，迅速得以在其他省市推广。

1994 年，南京在全国设立了中国第一家归国留学人员创业园——南京金陵海外学子科技工业园，自此，专门针对归国留学人员创业的孵化器正式诞生。南京金陵海外学子科技工业园成立后，示范效应非常明显，全国主要城市都快速进入了创设留学人员创业园的行列，如 1996 年上海创设了首家留学人员创业园，1997 年北京成立了首家留学人员创业园。

此时，中央也开始关注各地留学人员创业园建设问题。1996 年，人事部在《“九五”期间人事系统留学人员工作规划》中，提出要“鼓励广大留学人员回国创业，为他们提供从事科学研究，进行科研成果转化，投资兴办实业的基地”，“支持建立和发展高科技留学人员创业园”，“充分利用创业园区，把留学人员在国外学到的知识、掌握的技术、积累的经验和研究的成果等引进到国内”。《“九五”期间人事系统留学人员工作规划》还对留学人员创业园的建设进行了部署，提出“建立和发展高科技留学人员创业园的工作分两步进行”，“当前主要进行试点工作，研究拟定创业园区的运行模式、总体布局和管理办法，指导有条件的地区创办具有孵化、转化、研究、开发等功能的高科技创业园区。在推广先进经验的基础上，在全国范围内建立起若干个有一定规模的高科技创业园区”。[①] 留学人员创业园作为我国特有的制度创新，筑巢引凤的孵化作用十分明显，很快就发展成聚集归国留学人员、承载高技术创业的主要载体。

20 世纪 90 年代中期，席卷欧美的新技术浪潮不仅让世界产业格局发生了巨大变化，也为具有敏锐商业意识、勇于面对挑战的人们带来了千载难逢的发展机遇。中国蓬勃发展的市场经济催生了归国留学人员创业大潮，一些先知先觉的归国留学人员选择在互联网、电子通信等新技术领域开展高技术创业，田溯宁、丁健创立了亚信科技，吴鹰创立了 UT 斯达康……到了 1996 年，我国开始在全国范围内提供计算机互联网络服务，中国互联网产业迎来第一次创业潮，搜狐、网易、新浪等当前中国互联网门户网站领军企业都是从那个时候开始发

① 人事部 . 1995. “九五”期间人事系统留学人员工作规划 . 人发〔1996〕75 号 .

展起来的。

到了1998年前后，随着搜狐、网易、新浪等多个网络平台的搭建，归国留学人员在互联网领域掀起了IT创业热潮，ChinaRen、当当网、搜房网、携程旅行网……归国留学人员创立的专业门户网站如雨后春笋般发展起来，归国留学人员高技术创业一时之间成为非常引人注目的话题。

面对归国留学人员高技术创业空前高涨的热情，我国各级政府亦以积极姿态予以呼应。许多地方政府迅速推出多项优惠措施吸引留学人员为本地服务，全国掀起了留学人员创业园建设高潮。截至2000年，全国已建成留学人员创业园40多个，入园留学人员创办企业1500多家。这些留学人员创办企业除了在互联网领域形成广泛影响力外，还遍布高新技术各个领域，涌现出中星微电子、朗科、奥瑞金种业、微创医疗、乐普医疗、启明星辰等明星企业。留学人员创业园在聚集留学人员创业群体的同时，也在全国各地广泛形成了鼓励与支持留学人员高技术创业的政策氛围。

进入21世纪以来，归国留学人员高技术创业仍然活跃，各地留学人员创业园建设方兴未艾。由于留学人员创业园对开发留学人员资源、吸引海外留学人员归国创业、促进高新技术产业化和推动科技经济发展有着积极的作用，中央也越来越重视留学人员创业园的建设。

自2000年起，人事部就开展了与地方政府共建留学人员创业园的工作，与科技部、教育部、国家外国专家局共同确定北京市留学人员海淀创业园、上海留学人员创业园、成都留学人员创业园、大连留学人员创业园、西安留学人员创业园、宁波保税区留学人员创业园、苏州留学人员创业园、福建留学人员创业园、济南留学人员创业园为首批国家留学人员创业园示范建设试点单位。

为了进一步发挥留学人员创业园的作用，提高留学人员创业园的科学化管理水平，推动留学人员创业园的进一步发展，2001年，人事部颁布了《留学人员创业园管理办法》，对留学人员创业园建设的原则、条件、优惠政策、资格认定和管理等作出了明确规定。

《留学人员创业园管理办法》要求“留学人员创业园一般建在具有良好创业环境的高新技术开发区或经济技术开发区内。建立创业园由当地政府按有关规定和程序审批，报国家人事部备案，经评审符合条件的创业园，可由地方政府与人事部共建”。“建立留学人员创业园必须具备以下条件：政府重视和支持，制定有关配套优惠政策；留学人员相对集中，入园创业的留学人员带有资金、技术或项目；所在地区具有较密集的智力资源和较强的科技实力，对外开放程度较好，经济较为发达；具有一定规模的场地和相应的配套设施；服务功能较完善，能为企业提供商务、信息、培训、融资、研发、市场营销、国际合作等服务；具有支持留学人员创业的启动资金投入；有一支素质较高和业务水平强的管理服务队伍和一套科学管理的规章制度。”“确立为国家留学人员创业园示范建设试点的创业园，国家和地方要加强工作指导，在人才、技术引进等方面加大投入，扶持建园。按照市场经济运行机制摸索总结创业园在技术创新、制度创新、管理创新方面的建园经验，引导创业园有序发展。”“留学人员创业园享受高新技术开发区和经济技术开发区内孵化机构的优惠政策。允许引进和建立若干专业化风险资金或创业基金；支持有条件的创业园尽快建立旨在为留学人员提供创业资本支持和融资担保的种子资金和担保资金；为创业园内企业在吸引国际创业投资和争取上市等方面创造条件。”“建立创业园高新技术项目的评估机制，组织专家组对入园项目进行评估。要选择技术含量高的企业进入创业园，使其真正成为孵化高新技术企业的基地。创业园要协助海外留学人员按程序申报各类国家科技项目。”“切实加强对留学人员创业园的领导和管理。留学人员创业园要面向市场，实行企业化管理。在政府的领导下，建立具有竞争机制的创业园管理制度，建设一支高素质的管理队伍。要熟悉了解留学人员特点，更新观念，创新工作方法，不断提高工作效率和服务水平，适应创业园发展需要。要坚持因地制宜，发挥优势，办出特点。吸引适时对路的科技项目，创办有利于形成创业优势的各具特色的创业园。努力把创业园办成促进高新技术产业发展、培养引进高素质人才的重要基地。”①

同年，人事部发布了《人事人才发展“十五”规划纲要》，提出要继续贯彻“支持留学、鼓励回国、来去自由”的方针，大力开发海外留学人才资源，通过“加强爱国主义教育，宣传介绍国内经济建设的成就，采取回国工作、为国服务并举的政策，吸引海外留学人员报效祖国”。《人事人才发展“十五”规划纲要》还提出“加大鼓励留学人员回国工作的力度。今后重点引进学成后在国外金融机构、跨国公司、国际组织、著名高校、科研院所取得显著工作成绩并为国内急需的有真才实学的中青年高层次留学人才。鼓励金融机构、企业自主引进高层次留学人才和国内急需的外国专家，国家出资帮助高等院校、科研院所引进

---

① 人事部．2011．留学人员创业园管理办法．人发〔2001〕7号．

高层次留学人才”。“加大留学人员创业园建设，鼓励留学人员回国创业，转化高科技成果。按照本人能力水平、对国家的贡献和所创造的经济社会效益，从优确定工资和津贴；在住房、保险、探亲、家属就业、子女入学等方面提供方便。先期回国的和在国内成长的人才，有突出贡献的同样享有相关的优惠政策待遇。”“进一步鼓励留学人员为国服务。鼓励各类海外留学人员及留学人员专业团体以自己的专业和专业团体的优势，通过兼职、合作或接受国内委托研究，创办企业、讲学、交流、咨询、考察、中介服务等形式，为促进国家科技经济社会发展而开展的各种活动。保障海外留学人员在专有知识、技术专利、科研成果等方面享有的知识权益，允许留学人员以专利、发明、专有技术、管理等要素参与分配，共享合作或委托研究开发的科研成果，对在为国服务活动中做出杰出贡献的海外留学人员，人事部将颁发海外学子奖。”①

随后，人事部下发了《人事部与地方人民政府共建留学人员创业园的意见》，提出与地方政府共建留学人员创业园，推进全国留学人员创业园的持续发展。

之后，人事部、科技部、教育部发布了《关于确定北京、上海等留学人员创业园为国家留学人员创业园示范建设试点的通知》，启动了国家级留学人员创业园示范建设工作。在我国各级政府的大力支持下，各地留学人员创业园一直处于蓬勃发展之中，截至 2011 年 7 月，中国已建成各级各类留创园 160 多家，在孵的归国留学人员创办企业 1 万余家，累计孵化企业超过 2 万家。②

针对 21 世纪留学人员归国服务形式多样化趋势，为加强技术创新，发展高科技，实现产业化，建设一支富有创新能力的高素质人才队伍，2001 年，人事部、教育部、科技部、公安部和财政部联合发布了《关于鼓励海外留学人员以多种形式为国服务的若干意见》，旨在“鼓励海外留学人员回国工作的同时，吸引他们以多种形式为国服务”。针对归国留学人员创业潮的兴起，《关于鼓励海外留学人员以多种形式为国服务的若干意见》提出，“鼓励海外留学人员以专利、专有技术、科研成果等在国内进行转化、入股，创办企业；或以专有知识、技能、信息开办专业性咨询公司；可以自有资金或引进资金在国内投资”，“鼓

---

① 人事部．2001．人事人才发展“十五”规划纲要．人发〔2001〕56 号．

② 张冬冬．中国建成 160 多家留创园，累计孵化企业超过两万家．http：//www.chinanews.com/lxsh/2011/07-15/3186507.shtml [2011-07-15].

励海外留学人员在国内注册中介机构，为国内引进外资、技术、项目等提供中介服务”，国家“支持各地区、各部门和用人单位为海外留学人员为国服务创造良好工作和生活条件。鼓励到国内各经济开发区、高新技术开发区、留学人员创业园进行科技开发和科研成果转化，享受优惠政策。在国内创办企业的，各有关部门给予必要支持，在企业注册、土地使用、工商、税务、商检等方面，简化手续，减少环节，提供服务”。“海外留学人员在国内创办企业、建立合作研究开发基地等，根据需要招聘大学本科以上工作人员，各地人事部门要按照有关政策积极支持帮助，并提供人事代理服务。”《关于鼓励海外留学人员以多种形式为国服务的若干意见》还要求“各地区、各部门要加强对海外留学人员为国服务工作的领导，研究制定适合本地区、本部门特点的有关政策，保证兑现落实。要及时研究解决海外留学人员为国服务中出现的新情况新问题，认真总结交流开展海外留学人员为国服务工作的经验。各级人事、教育、科技、公安、财政等部门要加强与有关部门的合作，互相配合，形成合力，把海外留学人员为国服务工作切实做好”。①

2002 年，中共中央办公厅、国务院办公厅印发《2002—2005 年全国人才队伍建设规划纲要》，提出鼓励海外留学人员回国工作或以其他方式为国服务、加强和改进归国留学人员创业园建设工作、为归国留学人员回国工作或为国服务提供发展空间和制订实施国家紧缺人才改进计划等多项针对归国留学人员的工作任务。

2004 年，公安部、外交部公布了《外国人在中国永久居留审批管理办法》，明确规定了四类外国人在中国永久居留权适用对象，即“在对中国经济、科技发展和社会进步有重要推动作用的单位任职的外国籍高层次人才；在中国有较高数额直接投资的外国籍投资个人；对中国有重大突出贡献或国家特别需要的人员；夫妻团聚、未成年人投靠父母、老年人投靠亲属等家庭团聚人员”②，中国“绿卡”制度的颁布实施有利于吸引高层次外籍留学人员回国工作和创业。这一时期，中央与地方政府推出的优惠政策和营造的创新氛围极大地激发了归国留学人员高技术创业的热情，是海外留学人员高技术创业浪潮持续不衰的重

① 人事部，教育部，科技部，等．2001. 关于鼓励海外留学人员以多种形式为国服务的若干意见．人发〔2001〕49 号．

② 公安部，外交部．2004. 外国人在中国永久居留审批管理办法．公安部、外交部第 74 号令．

要原因。

2006年，中组部、人事部联合发布了《留学人员回国工作“十一五”规划》，针对归国留学人员创业活动提出“支持留学人员回国创业是跟踪世界最新科技成果、实现科技成果转化的重要渠道”。“要围绕我国加快高新技术产业发展的需要，不断创新政策，完善体制，积极构建企业为主体、市场为导向、产学研相结合的留学人员高技术创业体系，逐步发展一批具有核心竞争力的留学人员高新技术企业、一批集聚效应突出的留学人员创业基地。”要研究制定鼓励留学人员创办企业的政策措施，“支持他们以专利、专有技术、科研成果等在国内进行转化、入股，创办企业，对留学人员创办的高新技术企业在税收、融资、劳动人事等方面提供便利，建立健全回国创业或从事高新技术转化需要的投融资机制，探索建立国家留学人员回国创业基金，鼓励和支持有条件的创业园引进或设立专业化的风险投资基金或创业基金，为留学人员回国创业提供资金支持或融资担保；加强对留学人员创业园的引导和管理，探索建立国家留学人员创业园评估体系，加强创业园管理人员培训力度，提升办园质量，提高服务水平；继续开展与地方人民政府共建留学人员创业园的工作，鼓励创业园协助留学人员按程序申报各类政府资助项目，支持创业园面向海内外公开招聘高级人才和实施项目对接”①。《留学人员回国工作“十一五”规划》对海外留学人员的归国创业给予充分的关注，而“十一五”时期也正是我国各级政府密集出台鼓励与支持归国留学人员高技术创业政策的时期。

2007年，人事部、教育部、科技部、财政部等16部委联合发布了《关于建立海外高层次留学人才回国工作绿色通道的意见》，把吸引海外高层次留学人才作为开展留学人员回国服务工作的重点。《关于建立海外高层次留学人才回国工作绿色通道的意见》提出“建立留学人员创业园、大学科技园创业服务公共信息网络平台，完善园区和基地的孵化器功能、项目管理功能，拓宽投融资渠道，为留学人员回国创业创造良好的孵化环境，吸引和凝聚一批掌握现代科技成果，拥有自主知识产权，同时具有现代化企业管理知识和市场运作能力的优秀留学人才与国内用人单位加强合作，走产学研相结合的道路，促进国外先进技术、管理经验与国内资源的有效结合，为国内用人单位的教学、科研和高新技术产业发展做出贡献”。“定期举办‘春晖杯’中国留学人员高技术创业大赛活动，

---

① 中共中央组织部，人事部．2006．留学人员回国工作“十一五”规划．国人部发〔2006〕123号．

建立由海外优秀留学人才、留学人员创业园、大学科技园区、风险投资机构共同参与的创业平台。通过‘春晖杯’中国留学人员高技术创业大赛，充分调动海外优秀留学人员回国创业热情，鼓励海外留学人员积极申报高技术创业项目，创造条件支持参赛者与大学科技园、留学人员创业园和企业进行项目对接，根据项目技术水平、投资前景、效益预测和产业化情况，组织留学人员创业园、大学科技园、风险投资机构和国内企业家对项目进行评审、洽谈和择优颁奖，推动留学人员回国创办高新技术企业。”根据《关于建立海外高层次留学人才回国工作绿色通道的意见》，高层次留学人才回国工作可不受户口及编制限制，回国工作的高层次留学人才的报酬与其本人能力、业绩、贡献挂钩，国家自然科学基金，“863”计划、“973”计划等重大科技计划和专项基金将面向回国工作的高层次留学人才平等开放，对特别优秀、国内急需的高层次留学人才，人事部将会同有关部门资助专项经费，高层次留学人才出入境及居留将享受一系列便利条件。[①]《关于建立海外高层次留学人才回国工作绿色通道的意见》的颁布为海外高层次留学人才回国工作提供了便利，为归国留学人员高技术创业提供了良好的政策条件。

2008 年，人力资源和社会保障部（简称人社部）下发了《关于实施中国留学人员回国创业启动支持计划的意见》，开始正式实施“中国留学人员回国创业启动支持计划”。“中国留学人员回国创业启动支持计划”是我国第一部专门支持留学人员归国创业的国家计划。根据“中国留学人员回国创业启动支持计划”，国家每年在全国范围内遴选一批创新能力强、发展潜力大、市场前景好的归国留学人员创立企业，在其创办初始启动阶段给予重点支持，以推进归国留学人员创立企业的快速发展。

《关于实施中国留学人员回国创业启动支持计划的意见》规定，申报“中国留学人员回国创业启动支持计划”需要同时具备以下条件：①企业法定代表人应为留学回国人员，一般应获得硕士以上学位；②拥有自主知识产权或发明专利，技术创新性强，具有市场潜力；③熟悉相关领域和国际规则，有经营管理能力，如有海外自主创业经验者可优先考虑；④企业注册时间不超过 3 年；⑤企业注册资金现金资产不低于 50 万元人民币，留学人员出资额占企业注册资

---

① 人事部，教育部，科技部，等 . 2007. 关于建立海外高层次留学人才回国工作绿色通道的意见 . 国人部发〔2007〕26 号 .

本的50%以上；⑥企业法人诚信守法，无违法犯罪记录。[①]“中国留学人员回国创业启动计划”的项目经费由人社部项目支出管理，专门用于支持遴选出的留学回国人员创办企业。对经人社部审批确定的重点创业项目，一次性给予创业支持资金50万元；对确定的优秀创业项目，一次性给予创业支持资金20万元。对“中国留学人员回国创业启动支持计划”支持的项目，地方政府应给予相应配套资金的支持。“中国留学人员回国创业启动支持计划”是国家为鼓励留学人员回国创办高新技术企业而实施的一项重要工程，对归国留学人员创办企业的发展起到了积极的支持作用。

为了在激烈的国际竞争中赢得主动，2010年6月，我国发布了首个《国家中长期人才发展规划纲要（2010—2020年）》。《国家中长期人才发展规划纲要（2010—2020年）》确立了使中国“摆脱在全球化经济体系中‘体力劳动者’和‘低端知识工人’的角色，由‘世界制造中心’成为‘世界创新创意中心’，提高国民和国家的整体素质，最终由区域大国变为世界大国，由经济大国变为经济强国”的战略目标，提出了“人才优先”的观点，强调“人才资源是经济社会发展的第一要素，是科学发展的第一资源”，而海外留学人员作为重要的人才资源受到了特别的重视。《国家中长期人才发展规划纲要（2010—2020年）》将“从面向国内人才资源到面向国内国际两种人才资源转型”确立为八大转型目标之一，提出要实施更加开放的人才政策，要“大力吸引海外高层次人才回国（来华）高技术创业，制定完善出入境和长期居留、税收、保险、住房、子女入学、配偶安置，担任领导职务、承担重大科技项目、参与国家标准制定、参加院士评选和政府奖励等方面的特殊政策措施。建立海外高层次人才特聘专家制度。鼓励海外留学人员回国工作、创业或以多种方式为国服务。加强留学人员创业园建设，提供创业资助和融资服务。建立统一的海外高层次人才信息库和人才需求信息发布平台。完善外国人永久居留权制度，吸引外籍高层次人才来华工作。加大引进国外智力工作力度，探索实行技术移民，制定国外智力资源供给、发现评价、市场准入、使用激励、绩效评估、引智成果共享等办法。扩大国家公派出国留学和来华留学规模。开发国（境）外优质教育培训资源，完善出国（境）培训管理制度和措施。支持高等学校、科研院所与海外高水平教

① 人力资源和社会保障部．2009．关于实施中国留学人员回国创业启动支持计划的意见．人社部发〔2009〕112号．

育、科研机构建立联合研发基地。推动我国企业设立海外研发机构。积极支持和推荐优秀人才到国际组织任职。推进专业技术人才职业资格国际、地区间互认。发展国际人才市场，培育一批国际人才中介服务机构。制定维护国家重要人才安全的政策措施”。①

在《国家中长期人才发展规划纲要（2010—2020年）》的引领下，一批重大项目陆续推出，其中最引人注目的当属“海外高层次人才引进计划”（又称“千人计划”）。“千人计划”围绕国家发展战略目标，计划用5～10年时间在国家重点创新项目、重点学科和重点实验室、中央企业和国有商业金融机构、以高新技术产业开发区为主的各类园区等，引进并有重点地支持一批能够突破关键技术、发展高新产业、带动新兴学科的战略科学家和领军人才回国（来华）创新创业。截至2011年5月，“千人计划”已分五批引进专家1143人，其中有58名创业人才。这些创业人才主要在信息技术、新能源、新材料等领域从事高技术创业，成为我国战略性新兴产业的生力军。作为中国目前最高层次的海外人才引进计划，“千人计划”得到了海外留学人员的普遍欢迎和积极参与，在关键技术、高新产业、新兴学科等领域发挥了重要作用。在“千人计划”示范带动下，各省区市制订实施各具特色的海外人才引进计划，部分中心城市、东部沿海地区经济发达的市县也制订实施了类似的引才计划。目前，以引进海外人才回国创新创业推动经济结构转型升级的热潮逐步兴起。②

2011年3月，中共中央组织部、人社部联合下发了《关于支持留学人员回国创业的意见》，首次从国家层面专门提出全方位支持归国留学人员创业的政策意见。

《关于支持留学人员回国创业的意见》指出留学人员是中国人才资源的重要组成部分，提出留学人员回国创业是指“海外留学人员以专利、科研成果、专有技术等回国创办企业。留学人员企业一般要由留学人员担任企业法人代表，或者留学人员自有资金（含技术入股）及海内外跟进的风险投资占企业总投资的30%以上”。在明确留学人员回国创业内涵的基础上，《关于支持留学人员回国创业的意见》从创业启动支持计划、创业投资引导基金、创业贷款、税收优

① 国家中长期人才发展规划纲要（2010—2020年）. http://www.gov.cn/jrzg/2010-06/06/content_1621777.htm [2011-06-02].

② 李亚杰，隋笑飞. 中国“千人计划”已引进海外高层次人才1143人. http://news.xinhuanet.com/2011-05/30/c_121472860.htm [2011-05-30].

惠、外汇管理、租金减免、土地优惠、政府采购、专利保护、技术入股和设立博士后科研工作站等多个方面为留学人员回国创业给予便利与优惠，为留学人员归国创业提供支持和帮助。与此同时，《关于支持留学人员回国创业的意见》还要求全国各地积极为留学人员回国创业提供政策支持，“要结合经济社会发展和产业结构调整的需要，研究制订专项创业支持计划，有针对性地重点引进一批本地区发展急需和紧缺的留学人员回国创业。各地区要积极加强创业载体建设，依托当地经济技术开发区、高新技术产业开发区、留学人员创业园、大学科技园、农业科技园区等创业载体，大力吸引留学人员回国创业”。“国家实施‘留学人员回国创业启动支持计划’，对创新能力强、发展潜力大、市场前景好的留学人员企业，在创办初始启动阶段予以重点支持。”“有条件的地区可为留学人员回国创办企业提供一定数量的创业启动资金，并为领军型回国创业留学人员及其创业团队成员提供一定数额的安家费或租房补贴。”“有条件的地方可以设立政府创业投资引导基金，引导和鼓励国有企业、私营企业、外资企业、社会团体、自然人等各类社会资本参与创业投资事业，为留学人员回国创业拓宽融资渠道。”“进一步改进和完善创业贷款管理，推进金融产品和服务方式创新，研究探索‘银行＋担保＋额外风险补偿机制’的贷款模式，加强对留学人员回国创业的金融服务。鼓励担保机构和再担保机构为留学人员回国创办企业提供贷款担保和再担保服务。”“符合条件的留学人员企业可以按规定参与国家和省级科技计划项目、科研项目等，对进入各类园区孵化或转化的科研项目给予减免场地租金等优惠。”“留学人员回国创办企业的，按有关规定享受相应的税收优惠政策。其中，属于国家需要重点扶持的高新技术企业，减按15%的税率征收企业所得税；企业开发新技术、新产品、新工艺发生的研究开发费用，可按实际发生额的150%在计算应纳税所得额时加计扣除；企业从事农、林、牧、渔业项目的所得，从事国家重点扶持的公共基础设施项目投资经营的所得，从事符合条件的环境保护、节能节水项目的所得，可以免征、减征企业所得税；企业以《资源综合利用企业所得税优惠目录》规定的资源作为主要原材料，生产国家非限制和禁止并符合国家和行业相关标准的产品取得的收入，可以在计算应纳税所得额时减计收入。”“外籍或取得海外永久居留权的回国创业留学人员在国内取得的合法收入，依法纳税并持有税务部门出具的对外支付税务证明后，可全部兑换外汇汇出境外。在售付汇管理上，根据收入的性质，按照相关外汇管理规定办理。”“回国创业留学人员以租赁方式使用国有土地进行创业，可享受各地政府优先供应土地等政策。留学回国人员可依照土地管理法律法规和土地利用总体规划，利用荒山、滩涂等特殊土地开发农业、林业项目，但不能抵押、转让、转租土地，不得改变用地性质。”“留学人员企业参加政府采购公开招标，按有关政策规定予以支持。”“鼓励留学人员企业申请专利，形成企业自主知识产权与核心技术的专利保护，加大对留学人员企业专利申请的支持力度。回国创业留学人员的技术成果可按国家有关规定作价入股投资。”“积极鼓励留学人员企业申报设立博士后科研工作站，鼓励博士后科研工作站招收海外博士后进站开展科研活动，并对进站的海外博士后给予经费资助。”《关于支持留学人员回国创业的意见》还提出要积极为留学人员回国创业营造良好环境，“对回国创业留学人员坚持来去自由的原则，回国创业留学人员出国学习、考察，参加有关学术活动等正常业务活动，有关部门要简化手续，优先办理。”“回国创业留学人员本人及其随行配偶、未成年子女，经本地人保部门和公安部门审核后，可在创业地或其本人原籍户口所在地落户，也可在其本人原户口注销地恢复户口。其中，北京市、上海市应当结合本地对人才的需求，以及经济社会发展水平和综合承受能力，制定对非在本地注销户口或原籍不在本地的回国创业留学人员的户口迁移政策。”“夫妻双方在国外连续居住 1 年以上的持中国护照的留学人员，按政策生育或在国外期间生育及在国外怀孕后回中国内地生育第二个子女的，要按照国家及本地区有关规定在计划生育服务管理等方面给予适当照顾；其子女回国，可按照国家及本地区的有关法律政策规定，随父母在当地落户。”“回国创业留学人员按照国家有关规定参加中国境内各项社会保险（有社会保险双边或多边互免协议的除外），包括基本养老、基本医疗、失业和工伤保险等，缴费年限以实际缴纳各项社会保险费的年限为准。”“回国创业留学人员可凭劳动、聘用等有效合同和各地人保部门的证明在当地建立个人住房公积金账户。非本地户籍的回国创业留学人员可以按规定，在当地缴存和使用住房公积金，离开该地区时，可以按规定办理住房公积金的提取或转移手续。”“已加入外国籍的回国创业留学人员在中国境内跨统筹地区流动，按照中国有关规定，办理社会保险关系转移接续，享受各项社会保险待遇的办法和个人住房公积金时，在缴费标准、转移办法和享受待遇等方面，与中国公民有相同的权利和义务。”“回国创业留学人员在国内首次申报职称时，可比照国内同等资历人员申报相应级别专业技术职务任职资格的评审，免试外语和计算机。对其在国外取得的与国内相对应的技术职务或执业资格，经验证后，在各地人保部门办理确认手续。”“已加入外籍的回国创业留学人员初次申领机动车驾驶证，符合驾驶证申领条件的，可凭其入境时所持有的护照或者其他旅行证件、有效签证或者居留许可，以及公安机关出具的住宿登记证明和身体条件证明，经考试合格后，由公安机关核发《中华人民共和国机动车驾驶证》。持境外机动车驾驶证的回国创业留学人员，符合驾驶证申领条件的，可凭境外机动车驾驶证、身份证明和身体条件证明，经考试合格后，由公安机关核发《中华人民共和国机动车驾驶证》。回国创业留学人员可以凭身份证明及机动车相关证明、凭证，到公安部门申请办理机动车注册登记。”“安排回国创业留学人员的配偶工作和子女就学。随迁配偶就业，采取个人联系和组织推荐相结合的方法，用人单位有接收条件的，要优先安排，确有困难的，当地人保部门要积极帮助推荐就业。随迁子女入托及义务教育阶段入学，由其居住地教育行政部门按照就近入学的原则优先办理入、转学手续，不收取国家规定以外费用。”“鼓励留学人员企业申报各级各类科技计划和科研基金项目，开展科研活动。同等条件下，对研究开发水平高、具有良好产业化前景的留学人员企业科研项目予以优先支持。进一步发挥留学人员独特优势，鼓励他们创造更多成果和效益。”“鼓励各高等院校及科研机构实验室向留学人员企业开放，支持留学人员企业建立企业技术中心或与高等院校、科研院所联合组建工程技术研究中心，并享受相关优惠政策。鼓励有发明专利或科研成果的回国创业留学人员申报国家和省部级有关科技奖项。”“各地人力资源社会保障等部门要主动为留学人员创办企业及留学人员创业园提供支持和帮助。建立留学人员回国创业信息平台，加大信息网络建设力度，宣传引才和创业政策，提供项目需求信息等，促进资源共享。积极为留学人员回国创业搭建交流平台，鼓励和支持各地区开展多种形式的留学人员智力交流活动。建立创业投资综合性服务平台，实现留学人员回国创办企业和创业投资企业的信息互动交流。建立技术产权服务平台，为留学人员回国创业提供中外技术专利信息数据库检索、国家重点行业数据库检索和技术产权网上交易等服务。”①

2011 年 4 月，人社部发布了《关于支持留学人员回国创业的意见》，提出“积极吸引回国创业的留学人员进入留学人员创业园从事新技术、新产品开发，

① 中共中央组织部，人力资源和社会保障部，科学技术部，等．2011．关于支持留学人员回国创业的意见．人社部发〔2011〕23 号．

科技成果转化等活动。鼓励各地和留学人员创业园加强包含法律、金融、人才项目中介、市场开拓、公共技术服务（公共中试平台、样品检验平台等）等内容的创业平台建设，落实各项鼓励留学人员回国创业措施，为留学人员创新创业提供便捷服务。鼓励支持留学人员公开、公平、公正地申报各类政府资助项目和科技计划。探索建立政府资助、银行贷款、创业投资、技术产权交易等在内的投融资机制，帮助留学人员解决资金困难，促进其科研成果产业化、商品化。对优秀的科研或创业启动项目，人力资源社会保障部通过留学人员科技活动项目择优资助、留学人员回国创业启动支持计划、高层次留学人员回国资助等项目给予支持，各相关部门和地区通过多种渠道给予经费资助和配套支持。人力资源社会保障部建立中国留学人员回国创业专家指导委员会，为留学人员回国创业提供必要的创业辅导支持，帮助他们成功实现从‘科学家’向‘科技企业家’的转变”。同时要“组织办好多种形式的留学人才和项目交流会、成果展示会、留学人员为国服务团等活动。支持鼓励在更大范围、更广领域、更高层次上吸引海外留学人员及留学人员团体通过兼职、合作研究、回国讲学，学术技术交流、考察咨询、开展中介服务等各种适当形式参与祖国建设。经人力资源社会保障部审批的服务项目，列入‘海外赤子为国服务行动计划’予以支持”。[①] 至此，我国形成了回国工作、为国服务和回国创业“三位一体”的留学回国工作政策体系，全方位支持归国留学人员高技术创业的政策环境日趋完善。

我国地方政府也非常重视海外人才的引进工作，全国各地竞相出台了许多吸引海外人才的优惠政策，推出了很多支持海外留学人员回国工作与创业的政策措施。上海市早在1992年就颁布实施了《上海市鼓励出国留学人员来上海工作的若干规定》，其中明确规定，“出国留学人员可以利用技术专利、科技成果来上海作技术转让、技术承包、技术合作、技术入股等，也可以自办或合办民间科技企业、股份制企业，还可以用个人或国（境）外注册公司的名义来上海投资”，并规定凡来上海工作和创业的留学归国人员，可以享受子女入学、报酬免缴奖金税和工资调节税减免等优惠政策。为了给归国留学人员开辟创业基地，1996年，上海市创立了专门的留学人员创业园，并通过与张江、嘉定、漕河泾等科技园区的共建活动，逐步发展成多个定位不同、特色各异的留学人员创业

---

① 人力资源和社会保障部．2011．关于加强留学人员回国服务体系建设的意见．人社部发〔2011〕46号．

园。2003年，上海市启动了“万名海外留学人才集聚工程”，吸引海外留学人员来沪工作创业。2005年，上海市出台了《鼓励留学人员来上海工作和创业的若干规定》，加大对归国留学人员到上海工作和创业的扶持力度，其中“浦江人才计划”每年出资4000万元资助新近来沪工作和创业的海外留学人员及团队，解决留学人员回国创业初期阶段的资金瓶颈问题，其被许多归国创业人员誉为回国创业的“第一桶金”。在系列政策的持续支持下，来上海创业工作的海外留学人才稳步递增。截至2012年1月，归国留学人员在上海创办企业4400余家，总投资额逾6.2亿美元，涉及信息技术、生物医药、新材料、国际金融、计算机、汽车制造等领域。上海不仅是我国归国留学人员高技术创业的重要基地，也是我国归国留学人员主要聚居城市之一，在上海工作和创业的留学人员已超过9.5万人。①

北京素有鼓励留学人员高技术创业的政策传统。改革开放以来，中关村科技园快速发展，很快就成长为我国信息通信电子产业基地，许多归国留学人员也选择在这里开创自己的事业。北京亦依托中关村科技园为归国留学人员高技术创业提供良好的政策环境。1997年，北京市设立了第一家留学人员创业园——海淀留学人员创业园，之后逐步建立了北大留学人员创业园、清华留学人员创业园等多个留学人员创业园，孵化了成千上万个留学人员创办企业。21世纪以来，为了进一步优化创新创业环境，更好地支持归国留学人员的高技术创业，北京在2009年启动了“海外人才聚集工程”（即“海聚工程”），2010年启动了“中关村高端领军人才聚集工程”（即“高聚工程”），2011年出台了《关于中关村国家自主创新示范区建设人才特区的若干意见》。首都特有的经济政治中心地位，加上系列优惠政策的支持，使北京吸引了大批海外留学人员来创业，中关村科技园成为海外留学人员高技术创业最为集中的区域。截至2011年年底，中关村科技园有29家留学人员创业园，有60万平方米的孵化面积，归国留学人员超过2万人，在册归国留学人员创办企业多达4000家。据统计，平均每个工作日，至少有两个海外留学人员创办企业在中关村科技园成立。而在美国纳斯达克上市的中关村科技园企业中，半数都是海外留学人员创办的。② 在中关村科技园的带动下，北京成为中国名副其实的归国留学人员新技术创业高地。

---

① 鲁哲．2012-01-30．申城成“海归”首选地，工作和创业海归超9.5万人．新民晚报，第A2版．

② 刘欢．2011-08-14．中关村年内有望再添6家海归创业园．北京日报，第05版．

广州是较早为归国留学人员创业提供交流平台的地区。1998 年，广州创办了“面向海内外，服务全中国”的中国留学人员广州科技交流会（简称广州留交会），截至 2012 年已成功举办 14 届。作为国内最有影响力的留学人才与科技信息交流平台，中国留学人员广州科技交流会获得了“智力广交会”和“留学人员广交会”的美誉。为了将广州建设成服务全国、连通世界的“国际人才港”，2010 年，广州出台了《关于加快吸引培养高层次人才的意见》，提出了“1＋10”政策体系，对每个适格高层次人才在 9 个方面进行最高为 1500 万元的创新创业资助。为了打造“国际科技创业之都”，2011 年，广州设立了专门支持海外人才来广州创业的“红棉计划”，自 2012 年起每年安排 1 亿元以上资金扶持经评审遴选的 100 家以上在广州初创型海外人才企业。在广州市政府的大力支持下，广州海外留学人员回国人数每年以超过 30％的速度递增，2009 年新登记留学归国人员达 2000 多人，2011 年在广州工作留学人员总数超过 2 万人（部分自主择业留学人员无法统计），归国留学人员创办企业超过 1500 家。[①] 广州以优越的投资创业环境和开放的文化氛围吸引了众多海外留学人员，是我国归国留学人员高技术创业比较活跃的地区。

深圳也比较重视对归国留学人员创业活动进行扶助。2000 年，深圳设立了“留学人员来深创业前期费用补贴”专项资金，发挥了“引火煤”的作用，先后培育了朗科、益心达、迅雷、信威、茁壮、天骄等一批归国人员创办企业。同年，深圳开始留学人员创业园的建设，先后建立 8 个留学人员创业园，成为吸纳归国留学人员创业的主要载体。为了加大引进海外高层次人才的力度，2010 年，深圳推出了“孔雀计划”，对海外高层次人才配套服务和创新创业予以专项资助。在深圳市政府的大力支持下，从 2001 年起，来深圳工作创业的归国留学人员大幅增长。截至 2011 年 9 月，深圳共引进归国留学人员累计超过 4 万人，归国留学人员创办企业达 1600 多家，超亿元产值的达 26 家[②]，成为全国对归国留学人员最有吸引力的城市之一。

江苏是全国最早创办留学人员创业园的地区。早在 1994 年，南京就在全国率先设立了第一家留学人员创业园——南京金陵海外学子科技工业园，以务实

---

① 中国留学人员广州科技交流会官网．中国留学人员广州科技交流会概况．http：//www.ocs-gz.gov.cn/news/detail/2137［2012-12-01］．

② 徐恬，龚婷．2011-09-19．4 万名“海归”在深圳扎根．深圳商报，第 A02 版．

的态度用各项扶助计划吸引海外人才。21世纪以来，江苏更加重视海外留学人员回归创业。2006年，江苏出台了《关于加强高层次创新创业人才队伍建设的意见》，启动了“双创计划”。在“双创计划”的带动下，江苏13个省辖市和大部分县（市、区）都推出自己的专项引才计划，如昆山有“亿元引才计划”、苏州有“姑苏人才计划”等。[①] 在江苏各级政府自上到下的共同努力下，截至2011年年底，江苏已建成43家留学人员创业园。据不完全统计，这些留学人员创业园入驻企业2100多家，年技工贸收入225亿元，留学人员沿江创业带已具雏形[②]。

浙江在吸引归国留学人员创业方面颇有作为。1996年，浙江出台了《关于鼓励出国留学人员来浙江工作的意见》，1998年，浙江设立了第一个留学人员创业园——杭州市留学人员高新区创业园，从全省范围内开始了留学人员创业园的建设历程。21世纪以来，浙江更密集出台了多项针对归国留学人员的政策措施，如《浙江省人民政府关于引进海外高层次留学人才的意见》、《浙江省海外高层次留学回国人才工作证实施办法》、《浙江省“钱江人才计划”管理办法（试行）》、《关于大力实施海外优秀创业创新人才引进计划的意见》、《浙江省“海外高层次人才引进计划”暂行办法》，并先后启动了“海外高层次人才引进计划”和“海鸥计划”，形成了全方位支持留学人员归国创新创业的政策体系。随着近万名海外留学人员落户浙江，截至2010年年底，浙江已有留学人员创办企业860多家，年技工贸收入120多亿元。[③]

武汉是我国中部地区归国留学人员高技术创业的重要聚集地，这与武汉市政府长期以来的战略规划与政策扶持有着密切的关系。1998年，武汉在武汉东湖高新区创设了武汉留学人员创业园；2000年，武汉发布了《鼓励留学人员来汉创业的暂行意见》，通过绿色通道、企业问诊、创业导师、战略咨询等多项措施不断优化归国留学人员高技术创业的政策环境。为了更有效地推进留学人员回归创业，2009年，武汉推出以高新技术产业化为主题，以海外高层次人才为重点，以企业为载体的“3551人才计划”。在武汉市政府的大力支持下，武汉留学人员创业园得到了迅速的发展，截至2008年，武汉留学人员创业园已吸引了

① 王霞．2011-12-08．江苏力推“双创计划”扶持创业，海归人才渐成主力．人民日报海外版，第07版．

② 吕妍．2011-03-21．江苏省留学人员创业园增至43家．新华日报，A04．

③ 岳德亮．2010-08-24．万名留学人才被引进浙江创业．北方新报，第12版．

1000多名归国留学人员来此创业，聚集了480余家归国留学人员创办企业，产品涉及IT信息产业、光电子产业、生物医药产业和新型材料制造业等产业。① 随着一大批孵化出园的优秀企业成长为国内外知名企业，归国留学人员已成为“中国光谷”发展壮大的重要力量。

进入21世纪以来，全国各地掀起吸引海外高层次人才的热潮，我国各级政府为海外留学人员归国创业给予了诸多政策优惠。据中国人事科学研究院《留学人员回国创业政策研究报告》的不完全统计，截至2010年，国家和各省市制定的涉及海外留学人员创业的政策已达357项，配套政策达166项，涵盖了税收优惠、各项补贴、无风险资金支持、风险资金支持、家属安置、登记注册、经营过程、孵化、出入境管理、知识产权保护等多个方面。② 这些积极举措为海外留学人员创业提供了强大动力和政策保障，推动了归国留学人员高技术创业的迅速发展。截至2011年7月，我国已建成各级各类留创园160多家，在孵的归国留学人员创办企业1万余家，累计孵化的归国留学人员创办企业超过2万家。③ 在“天时、地利、人和”的共同作用下，我国归国留学人员高技术创业恰逢其时，他们不仅创办了搜狐、百度、迅雷、人人、美团、大众点评、赶集、土豆等优秀互联网企业，而且还创立了无锡尚德、展讯、芯邦微电子、澜起科技等知名高技术企业。当今的中国，无论是沿海还是内陆，越来越多的大中城市活跃着归国留学人员进行高技术创业的身影。归国留学人员高技术创业已成为我国经济社会活动中不可或缺的重要组成部分。

二 政策特点

20世纪90年代中后期以来，我国出现了海外留学人员回国创业的热潮。归国留学人员高技术创业现象引起了我国各级政府的重视，中央与地方陆续出台了多项旨在支持归国留学人员高技术创业的政策措施。经过全国各级政府多年的努力，我国支持归国留学人员高技术创业的服务体系日趋完善，扶植政策对

① 汤向阳，厉晓杭．2008-05-31．来自“中国光谷”的光荣与梦想——走近武汉留学生创业园．人民日报海外版，第5版．

② 刘祖华．2011-10-17．“中国梦”掀起留学人才回国创业潮．中国组织人事报，第02版．

③ 张冬冬．中国建成160多家留创园，累计孵化企业超过两万家．http://www.chinanews.com/lxsh/2011/07-15/3186507.shtml [2011-07-15].

归国留学人员高技术创业的引导作用日益增强，促进归国留学人员高技术创业的信息平台逐步搭建，有利于归国留学人员高技术创业的生活工作条件不断改善。

（一）支持高技术创业的服务体系日趋完善

21世纪以来，国家先后出台了《关于鼓励海外留学人员以多种形式为国服务的若干意见》、《留学人员回国工作“十一五”规划》、《关于建立海外高层次留学人才回国工作绿色通道的意见》、《关于实施中国留学人员回国创业启动支持计划的意见》、《国家中长期人才发展规划纲要（2010—2020年）》和《关于支持留学人员回国创业的意见》等多项支持归国留学人员高技术创业的政策措施，有力地推进了归国留学人员高技术创业活动。而这一系列政策措施的出台，离不开中央各部委的积极参与。

中组部、人社部、教育部、科技部、公安部、财政部、外交部、团中央等中央部委积极配合，为归国留学人员高技术创业提供了强有力的支持。中组部作为国家组织事务主管部门，牵头部署实施“海外高层次人才引进计划”（即“千人计划”），会同人社部等部门编制了《国家中长期人才发展规划纲要（2010—2020年）》和《关于支持留学人员回国创业的意见》，统筹顶级人才计划的布局；人社部作为国家人事工作主管部门，从《“九五”期间人事系统留学人员工作规划》提出“加快建立发展留学人员创业园”到《留学人员回国工作“十一五”规划》提出实施“中国留学人员回国创业启动支持计划”的意见，从共同编制《国家中长期人才发展规划纲要（2010—2020年）》到联合推出《关于支持留学人员回国创业的意见》，一直将鼓励与支持归国留学人员高技术创业作为工作的重点；教育部作为国家留学工作主管部门，通过“留学回国人员科研启动基金”、“春晖计划”等多项措施鼓励归国留学人员高技术创业；科技部作为国家科技工作主管部门，通过“国家示范区”推进留学人员创业园建设，通过开放国家科技计划引导归国留学人员参与创新创业，许多归国留学人员创办企业从科技型中小企业技术创新基金等政策引导类计划中受益，亦有部分归国留学人员创办企业参与了“863”计划、国家重大专项、科技支撑计划等国家科技计划。与此同时，科技部还与教育部合作举办了多届“春晖杯”中国归国留学人员高技术创业大赛，为归国留学人员高技术创业提供了开放的项目展示平台和重要的项目对接渠道，受到了全球华人的欢迎，成为具有国际影响力的创业比赛……特别是在2011年，中组部、人社部、教育部、科技部、财政部、外交部、国家发改委、公安部、国土资源部、商务部、国家人口计生委、中国人民银行、国资委、海关总署、国家税务总局、国家工商总局、国务院侨办、中科院、国家外专局、国家外汇局等部门共同推出了《关于支持留学人员回国创业的意见》，反映了我国已初步形成了回国工作、为国服务和回国创业“三位一体”的留学回国工作政策体系，支持归国留学人员高技术创业的政策环境日趋完善。

我国地方政府也非常重视吸引海外人才回归创业。全国各地纷纷兴建起留学人员创业园，为海外留学人员归国创业提供服务与支撑。北京设立了北京市留学人员海淀创业园、大兴创业园、空港创业园、中关村国际孵化器有限公司、北大留学人员创业园、清华留学人员创业园、北京理工留学人员创业园、北航留学人员创业园、北京科大留学人员创业园、北邮留学人员创业园、中关村软件园留学人员创业园、中关村生命科学园留学人员创业园、中关村丰台园留学人员创业园、中科院中自孵化园留学人员创业园、北京经济技术开发区留学人员（汇龙森）创业园、中国农大留学人员现代农业创业基地等多个留学人员创业园；上海建成了张江、嘉定、漕河泾、莘莘学子、虹桥临空、科技创业孵化基地、宝山、杨浦、莘闵等多个留学人员创业园；广州拥有广州软件园、广州国际生物岛、广州科学城、广东光谷、广州留学人员创业园、广州国际企业孵化器等多个留学人员创业园；深圳先后建立了福田、罗湖、南山、盐田、宝安、龙岗、高新区和火炬创业园等多个留学人员创业园；成都先后成立了成都创业服务中心、成都高新区技术创新服务中心、留学人员创业园、博士创业园、信息安全产品专业孵化器、软件专业孵化器等多个孵化器；武汉在东湖高新技术开发区兴建了留学人员创业园，现已建成光电子信息、生物医药技术两个高标准综合园区，以及大学科技园、软件园、农业园等专业配套园区……各地留学人员创业园为海外人才回国创业提供了良好的环境，是我国归国留学人员高技术创业最为集中的区域。

各地留学人员创业园都比较重视公共服务的效率与效能。许多留学人员创业园设立了“一站式”服务大厅，使归国留学人员能在一个地方办妥有关创业的所有手续。有的留学人员创业园主动帮助归国留学人员办理创业手续，减免开办费用，灵活注册方式，降低注册难度；有的留学人员创业园建立了限时答复制度或“领办制度”，在规定的时间内尽快为归国留学人员答疑解惑；有的留学人员创业园设有专业服务队伍，在为安家落户的归国留学人员创办企业提供工商、税务、法律、培训等一条龙“保姆式”服务的同时，积极为归国留学人员企业争取科技扶持、人才培训、服务外包等各项资助。

各地留学人员创业园一般都对归国留学人员创办企业在用房、用地方面提供一定的优惠。北京、广州、西安、杭州、厦门等地的留学人员创业园通过房租减免、房租补贴或预留房间等形式帮助归国留学人员创办企业成长发展。对离开孵化器建厂的企业，不少地方还继续提供用地方面的优惠。例如，济南规定，当归国留学人员创办企业离开孵化器征地建厂时，土地使用权出让价格可以按标定地价优惠20%～30%。

各地留学人员创业园也经常向归国留学人员创办企业提供政策咨询与创业辅导。例如，上海张江留学人员创业园设有华侨华人回国创业培训班，不仅有归国留学创业前辈结合自身经历为学员答疑解惑，还有相关部门政府工作人员向归国留学人员提供咨询，解答归国留学人员所关心的企业落户、居留证件、子女求学等问题。

经过多年的发展，我国留学人员创业园已形成了一套比较完备的创业服务体系。各地留学人员创业园先后探索了创业导师、创业一站式、创业一条龙、交钥匙工程等一系列特色服务模式。部分留学人员创业园还建立了研发大楼、开放性公共实验室和配套实验设施、中试平台等，吸引了来自美国、瑞典、法国、瑞士、日本、新西兰和俄罗斯等国家的研发型企业和项目入孵。① 在系列扶助政策与孵化服务的支持下，各地留学人员创业园筑巢引凤效果非常明显，成为海外留学人员归国高技术创业最为集中的区域。

（二）扶植政策对于高技术创业的引导作用日益增强

近年来，我国政府非常重视对归国留学人员高技术创业进行扶植。中央各部委出台了多项创新计划支持归国留学人员回国服务。例如，中组部牵头实施“千人计划”，提出从2008年开始，用5～10年时间，引进2000名左右能够突破关键技术、发展高新产业、带动新兴学科的战略科学家和科技高技术创业领军人才；教育部启动“春晖计划”，拨出专项经费资助海外留学人员短期回国工作，并与科技部联合举办“春晖杯”中国归国留学人员高技术创业大赛，激发

---

① 邓淑华．2010-09-27．留创园成海归施展才华大舞台．中国高新技术产业导报，第A7版．

了海外留学人员回国创业的热情，鼓励海外留学人员积极申报高技术创业项目；科技部通过“国家示范园”项目推进全国留学人员创业园建设，通过科技型中小企业创新基金促进归国留学人员创办企业的发展；人社部依据《归国留学人员回国工作“十一五”规划》通过加强留学人员创业园建设、实施“留学人员回国创业启动支持计划”、成立中国留学人员回国创业专家指导委员会、组织开展留学人员回国创业培训等方式支持海外留学人员回国创业。

针对归国留学人员创业资金不足的问题，教育部要求高等学校和科研机构等单位设立相应的留学回国人员科研启动资助基金；人社部推出“中国留学人员回国创业启动支持计划”，对经人社部审批确定的重点创业项目一次性给予50万元创业资金的支持，对经人社部审批确定的优秀创业项目一次性给予20万元创业资金的支持。

人社部和中组部还在《关于支持留学人员回国创业的意见》提出：“有条件的地区可为留学人员回国创办企业提供一定数量的创业启动资金，并为领军型回国创业留学人员及其创业团队成员提供一定数额的安家费或租房补贴。”“符合条件的留学人员企业可以按规定参与国家和省级科技计划项目、科研项目等，对进入各类园区孵化或转化的科研项目给予减免场地租金等优惠。”“有条件的地方可以设立政府创业投资引导基金，引导和鼓励国有企业、私营企业、外资企业、社会团体、自然人等各类社会资本参与创业投资事业，为留学人员回国创业拓宽融资渠道。”“进一步改进和完善创业贷款管理，推进金融产品和服务方式创新，研究探索‘银行＋担保＋额外风险补偿机制’的贷款模式，加强对留学人员回国创业的金融服务。鼓励担保机构和再担保机构为留学人员回国创办企业提供贷款担保和再担保服务。”“回国创业留学人员以租赁方式使用国有土地进行创业，可享受各地政府优先供应土地等政策。留学回国人员可依照土地管理法律法规和土地利用总体规划，利用荒山、滩涂等特殊土地开发农业、林业项目，但不能抵押、转让、转租土地，不得改变用地性质。”“留学人员企业参加政府采购公开招标，按有关政策规定予以支持。”“鼓励留学人员企业申请专利，形成企业自主知识产权与核心技术的专利保护，加大对留学人员企业专利申请的支持力度。回国创业留学人员的技术成果可按国家有关规定作价入股投资。”“积极鼓励留学人员企业申报设立博士后科研工作站，鼓励博士后科研工作站招收海外博士后进站开展科研活动，并对进站的海外博士后给予经费资助。”[①] 这些政策措施从国家层面对归国留学人员高技术创业给予了很大的支持。

各省市也纷纷以种子基金、专项资金或表彰奖励等形式给归国留学人员创办企业以资金支持。早期各省市归国留学人员创业启动资金额度多在几万元到十几万元之间，只有个别地区达到几十万元以上。随着地方政府对归国留学创业人才的日益重视，区域间政府竞争不断加剧，许多省市纷纷上调归国留学人员创办企业启动资金额度，为归国留学人员高技术创业提供了更多的资金支持。

为吸引归国留学人员来广州创业，2012 年广州推出“红棉计划”，每年投入 1 亿多元财政经费，计划引进培育超过 100 家海外人才来广州创办的企业。对符合扶持条件的企业，“红棉计划”将提供 30 万～100 万元的资金资助。其中，原则上对科技类项目的企业提供 50 万～100 万元创业资金资助；对非科技类项目的企业提供 30 万～50 万元的创业资金资助。对获得“红棉计划”资助的落户企业，广州将继续做好孵化培育服务；对获得“红棉计划”资助并符合条件的海外人才，广州给予其在出入境、居留、入户、子女教育、配偶来广州工作、购房和租房等方面的政策优惠。与此同时，广州还会对能力特别突出的创业人才和创业团队给予更多的资助和特别的支持。[②]

为打造浙江海外高层次人才创新园，2011 年年底，浙江根据《关于浙江杭州未来科技城建设人才特区、打造人才高地的意见》，提出“人才特区”建设方案，通过整合浙江有关部门和杭州市科技、人才、创业创新等专项资金，对引进高层次创业创新人才及其团队，在科研项目、重点实验室、试验基地、创新平台建设和人才培养方面优先予以支持。其中，引进国际一流的创业创新领军人才及其团队，经认定给予总额不低于 1000 万元的支持；引进国内一流的创业创新领军人才及其团队，经认定给予总额不低于 500 万元的支持。[③]

针对归国留学人员创办企业的税收问题，人社部和中组部在《关于支持留学人员回国创业的意见》提出，“留学人员回国创办企业的，按有关规定享受相应的税收优惠政策。其中，属于国家需要重点扶持的高新技术企业，减按 15% 的税率征收企业所得税；企业开发新技术、新产品、新工艺发生的研究开发费

---

① 中共中央组织部，人力资源和社会保障部，科学技术部，等．2011. 关于支持留学人员回国创业的意见．人社部发〔2011〕23 号．

② 林洁．2012-01-06. 广州推“红棉计划”揽才．中国组织人事报，第 03 版．

③ 袁艳．2012-01-01. “人才特区”特在哪．浙江日报，第 2 版．

用，可按实际发生额的150％在计算应纳税所得额时加计扣除；企业从事农、林、牧、渔业项目的所得，从事国家重点扶持的公共基础设施项目投资经营的所得，从事符合条件的环境保护、节能节水项目的所得，可以免征、减征企业所得税；企业以《资源综合利用企业所得税优惠目录》规定的资源作为主要原材料，生产国家非限制和禁止并符合国家和行业相关标准的产品取得的收入，可以在计算应纳税所得额时减计收入”。“外籍或取得海外永久居留权的回国创业留学人员在国内取得的合法收入，依法纳税并持有税务部门出具的对外支付税务证明后，可全部兑换外汇汇出境外。在售付汇管理上，根据收入的性质，按照相关外汇管理规定办理。”①

各省市大多给予归国留学人员创办企业一定的税收优惠，只是具体减免程度有所不同。例如，中关村科技园（即“中关村国家自主创新示范区”）对包括归国留学人员创办企业在内的高新技术企业给予如下税收优惠。①国家需要重点扶持的高新技术企业，减按15％的税率征收企业所得税。②示范区内的科技创新创业企业发生的符合规定的研究开发费用允许加计扣除：计入当期损益未形成无形资产的，在按照规定据实扣除的基础上，允许再按其当年研发费用实际发生额的50％直接抵扣当年的应纳税所得额；形成无形资产的，按照该无形资产成本的150％在税前摊销。③示范区内的科技创新创业企业发生的职工教育经费支出，不超过工资薪金总额8％的部分，准予在计算应纳税所得额时扣除；超过部分，准予在以后纳税年度结转扣除。④对示范区内科技创新创业企业转化科技成果，以股份或出资比例等股权形式给予本企业相关技术人员的奖励，技术人员一次缴纳税款有困难的，经主管税务机关审核，可分期缴纳个人所得税，但最长不得超过五年。②

归国留学人员创办企业普遍面临着资金瓶颈。种子期与初创期的高科技企业往往处于研发阶段，缺少经营资金，难以得到银行贷款，主要依靠引入创业投资推动企业发展。为了推进创业投资的发展，2007年，财政部、科技部设立了首个国家层面的创业投资引导基金——“科技型中小企业创业投资引导基金”。截至2011年年底，“科技型中小企业创业投资引导基金”共投入财政资金

---

① 中共中央组织部，人力资源和社会保障部，科学技术部，等.2011.关于支持留学人员回国创业的意见.人社部发〔2011〕23号.

② 中关村国家自主创新示范区.税收优惠试点政策.http：//www.zgc.gov.cn/zcfg10/zcjd_jd/zgcxzjd/zgcssyhsdzc/zgcsfqssyhsdzc［2012-08-10］.

15.59 亿元，通过风险补助、投资保障、阶段参股等方式引导社会资金参与高新技术产业的发展。各地政府也纷纷设立创业风险投资引导基金促进高科技企业的发展。早在 2005 年，中关村科技园在全国率先搭建创业投资促进工作平台，设立了创业投资引导资金，实施创业投资企业风险补贴政策。随后，各地政府相继跟进，在全国各地设立了一批各具特色的创业投资引导资金。在我国各级政府的共同努力下，截至 2011 年年底，全国获得政府创业投资引导基金支持的创业风险投资机构数量达到 188 家，政府创业投资引导基金累计出资 260 亿元，引导带动的创业投资管理资金规模超过 1000 亿元。① 由于归国留学人员普遍从事高技术创业，早期对创业投资依赖较大，所以，中央与地方创业投资引导资金的设立有助于缓解归国留学人员创办企业种子期与初创期的融资难问题。

成长期的高科技企业随着经营规模的快速扩大，对流动性资金需求也迅速加大，融资方式主要依靠银行贷款，但是由于缺乏可用于抵押的房产、地产和厂房设备等固定资产，成长期的高科技企业较难获得银行贷款。针对成长期高科技企业担保难、贷款难问题，许多留学人员创业园都为适格的归国留学人员创办企业提供信用担保，使他们有资格获得急需贷款。例如，中关村科技园设立了中关村科技担保公司，提出了“瞪羚计划”，创设了针对重点企业群体的担保贷款绿色通道，搭建了专门服务于中小型高新技术企业的贷款担保平台，开展了信用贷款试点。由于归国留学人员创办的高科技企业，在快速成长期对资金有较大需求，所以，搭建专门服务于高科技企业的贷款担保平台有助于缓解归国留学人员创办企业快速成长期所面临的融资难问题。

稳定发展期的高科技企业往往需要多元化融资方式。针对稳定发展期归国留学人员创办企业扩张发展的资金需求，许多留学人员创业园积极拓展归国留学人员创办企业融资渠道，不仅引导风险投资公司、信托投资公司、银行等金融机构与归国留学人员创办企业合作，而且还鼓励与支持归国留学人员创办企业上市。例如，中关村建立了“培育一批、改制一批、辅导一批、送审一批、上市一批”的企业上市培育工作体系，实施针对企业改制上市的资助政策，并通过以下形式为企业改制上市提供服务：①与各证券交易所、券商和专业服务机构建立联合工作机制，发掘、培育上市企业资源；②组织开展多种形式的培

① 卫敏丽．全国获政府引导基金支持的创投机构达 188 家．http：//news.xinhuanet.com/2012-07/05/c_112369394.htm [2012-07-06].

训和辅导，包括大规模的普及性培训、针对企业改制上市特定阶段的专项辅导、一对一辅导和模拟发审会等；③培育壮大天使投资和创业投资，支持企业引入创投资金；④实施改制上市资助政策，对企业改制、进入中关村代办系统挂牌和在境内外上市，分别给予30万元、60万元和100万元的资助；⑤协调政府相关部门，搭建企业上市绿色服务通道，协调解决企业在改制上市过程中的政府审批相关事项。对上市后企业，中关村科技园亦制定了有针对性的政策，帮助上市公司协调解决发展过程中面临的在人才、市场、用地、并购重组、国际化发展等方面的相关问题。尤其是在并购重组方面，对上市公司并购时发生的法律、财务等中介服务，给予最高60万元的资助，对上市公司为开展并购而发生的并购贷款，按照银行贷款基准利率的40%给予贴息支持。同时，支持上市公司重大产业化项目对接落地，形成高端产业聚集效应。①

与此同时，为吸引海外高端人才的回归，在中组部牵头推出了“千人计划”的同时，全国各省市也纷纷推出了各自的海外高层次人才计划。北京有“海聚工程”、“高聚工程”，上海有“浦江人才计划”、“海外人才集聚工程”，广州有“高级人才计划”，江苏有“海内外领军人才计划”，无锡有“530计划”，南京有“归国留学人员创业创新助飞计划”，杭州有“天堂硅谷聚才工程”等。这些海外高层次人才计划往往既有资金配套，又有政策配合，对促进归国留学人员的高技术创业起到了积极的作用。

在我国各级政府的努力下，支持归国留学人员高技术创业的扶植政策不断出台，在吸引广大海外留学人员回国创业的同时，有效地带动了科技创新和产业结构调整，有力地推动了区域经济的发展。

(三) 促进高技术创业的信息交流平台逐步搭建

近年来，我国政府越来越关注归国留学人员高技术创业信息交流平台的建设。2011年，人社部在《关于加强留学人员回国服务体系建设的意见》中强调要“组织办好多种形式的留学人才和项目交流会、成果展示会、留学人员为国服务团等活动。支持鼓励在更大范围、更广领域、更高层次上吸引海外留学人员及留学人员团体通过兼职、合作研究、回国讲学、学术技术交流、考察咨询、开展中介服务等各种适当形式参与祖国建设”。对“经人力资源社会保障部审批

① 周宇. 2011-06-17. 中关村加大企业上市后扶持力度. 证券时报，第A002版.

的服务项目，列入‘海外赤子为国服务行动计划’予以支持”。[①]

为了加强信息交流，吸引海外留学人员回国创业，我国政府综合利用传统媒体和新兴媒体广泛宣传国内支持归国留学人员高技术创业的政策措施。在《人民日报（海外版）》、《侨报》、《欧洲时报》等传统媒体及时把相关政策信息传递给海外学子的同时，千人计划网、神州学人网、中国留学网等专门面向海外留学人员的网络媒体也积极向海外学子传递祖国和人民对其回归报效的渴望。以千人计划网为例，在“祖国欢迎你们，祖国需要你们，祖国寄希望于你们!”的寄语下，千人计划网设置了部委引才计划、地方引才计划、资讯中心、引才活动、回国指南、创业/招聘、论坛、博客和人物库等多个专题栏目，系统介绍国家与地方的引才融智计划和创业扶植政策，宣传报道全国各地归国留学人员创新创业活动，为归国留学人员回国创业、工作和居住提供帮助与指导。

我国各级政府还积极搭建多种形式的信息交流平台，为归国创业人员与国内投资方、项目引进方的对接与洽谈提供便利。从2006年起，教育部、科技部联合举办一年一届的“春晖杯”中国归国留学人员高技术创业大赛，作为归国留学人员展示项目、寻求资金和政策支持的重要平台，引起了地方政府、留学人员创业园和投资商的广泛关注。很多归国创业人员通过“春晖杯”中国归国留学人员高技术创业大赛找到了创业启动资金，许多优秀项目入驻留学人员创业园，不少有价值的项目获得了科技型中小企业创新基金或地方项目资金的资助，个别项目还获得了“863”计划的支持。

许多省市还搭建起会展平台为海外留学人员回国创业牵线搭桥。创办于1998年的广州留交会，已成为国内规模最大、开放度最高、在海内外最具影响力的留学人才与科技信息交流平台。截至2010年，广州留交会累计已有20 370留学人员参与，12 188个项目参展。[②]

始于2000年的中国海外学子创业周，是东北地区宣传留学人员创新创业政策、引进海外智力的重要渠道。截至2011年，中国海外学子创业周共吸引了来自50多个国家和地区的1.2万余名留学人员，其中2800多名海外学子回国创

---

① 人力资源和社会保障部.2011.关于加强留学人员回国服务体系建设的意见.人社部发〔2011〕46号.

② 中国留学人员广州科技交流会官网.中国留学人员广州科技交流会概况.http://www.ocs-gz.gov.cn/news/detail/2137［2012-12-01］.

业，创办企业1900余家，累计创造产值5000多亿元[①]，取得了良好的经济效益和社会效益。

创办于2001年的华侨华人创业发展洽谈会，不仅是湖北引智引资、扩大开放的重要平台，而且还是立足中部、辐射全国的侨务引智引资品牌活动。截至2011年，华侨华人创业发展洽谈会共邀请来自世界50多个国家和地区的华侨华人专业人士、工商界人士、社团代表5000多人，国内20多个省区市有关部门和企事业单位代表1.7万多人参会，引进4350多个合作交流项目，总投资额达842亿元。[②]

除了专门针对海外留学人员的大型会展活动外，深圳承办的“中国国际人才交流大会”、长沙举办的“科技成果转化交易会”等综合性会展活动亦将归国留学人员高技术创业作为重要的议题，在促进创业信息交流、推进海外留学人员回归创业方面发挥着积极的作用。

在举办各种会展交流活动的同时，我国各级政府坚持“走出去”与“引进来”相结合，积极主动派人到海外举办各类活动，邀请海外留学人员回国考察交流。

北京、上海、江苏等地除了组织各类招商引资团体赴海外招聘人才外，还在西方发达国家设立海外联络机构。例如，中关村科技园已在美国、加拿大、日本、英国等发达国家建立了7个海外联络处。这些海外联络机构所在地都是世界科技创新比较活跃的地区，也是我国海外科技人才比较集中的区域，对加强国内外信息交流、延揽海外高层次人才和吸引留学人员归国高技术创业有着积极的促进作用。

此外，伴随着海外留学人员回归热潮，以中国科协为代表的行业协会也积极组织海外科技工作者以多种方式为国服务。

2004年，由中国科协和35个海外科技团体共同发起的“海外智力为国服务行动计划”启动实施。“海外智力为国服务行动计划”不仅通过海智新闻、海智简讯、决策咨询、筑巢引凤、金凤寻巢、创业论坛等栏目为归国留学人员创新创业搭建信息平台，而且还积极争取各级财政支持和社会资源，在资助海外专家学者开展为国服务活动国际旅费的同时，为一批重点支持项目提供启动工

---

① 姜啸琴，蒋剑虹，吴爽．2011．一个轮回的引智．东北之窗，(12)：18-20.

② 王化云．2011-06-30．细看华创会．人民日报海外版，第07版．

作经费。

与此同时，中国留学人员创业园联盟、中国留学人员联谊会、中国青年海归协会、归国学子联谊会、欧美同学会等民间组织亦经常组织海外人才联谊活动，通过论坛、座谈、项目推介会等形式为海外留学人员的交流与合作牵线搭桥，成为促进归国留学人员高技术创业的新兴力量。

（四）有利于高技术创业的生活工作条件不断得到改善

高层次留学人才是留学人才群体的核心和骨干，是我国建设创新型国家、实现经济社会跨越式发展急需的紧缺人才，也是归国留学人员创办企业生存与发展的重要基石。因此，创造有利于归国留学人员高技术创业的生活工作条件已成为我国近年来支持归国留学人员高技术创业政策的重要内容。

2007年，人事部、教育部等16部委联合下发《关于建立海外高层次留学人才回国工作绿色通道的意见》，要求驻外使领馆教育处、教育部留学服务中心完善其在留学回国人员证明、档案管理、留学学历学位认证、派遣落户等方面的服务职能。

2011年，中组部、人社部联合下发的《关于支持留学人员回国创业的意见》进一步明确“对回国创业留学人员坚持来去自由的原则”，“回国创业留学人员出国学习、考察，参加有关学术活动等正常业务活动，有关部门要简化手续，优先办理”。“回国创业留学人员本人及其随行配偶、未成年子女，经本地人保部门和公安部门审核后，可在创业地或其本人原籍户口所在地落户，也可在其本人原户口注销地恢复户口。其中，北京市、上海市应当结合本地对人才的需求以及经济社会发展水平和综合承受能力，制定对非在本地注销户口或原籍不在本地的回国创业留学人员的户口迁移政策。”“夫妻双方在国外连续居住1年以上的持中国护照的留学人员，按政策生育或在国外期间生育及在国外怀孕后回中国内地生育第二个子女的，要按照国家及本地区有关规定在计划生育服务管理等方面给予适当照顾；其子女回国，可按照国家及本地区的有关法律政策规定，随父母在当地落户。”“回国创业留学人员按照国家有关规定参加中国境内各项社会保险（有社会保险双边或多边互免协议的除外），包括基本养老、基本医疗、失业和工伤保险等，缴费年限以实际缴纳各项社会保险费的年限为准。”“回国创业留学人员可凭劳动、聘用等有效合同和各地人保部门的证明在当地建立个人住房公积金账户。非本地户籍的回国创业留学人员可以按规定，在当地缴存和使用住房公积金，离开该地区时，可以按规定办理住房公积金的提取或转移手续。”“已加入外国籍的回国创业留学人员在中国境内跨统筹地区流动，按照中国有关规定，办理社会保险关系转移接续，享受各项社会保险待遇的办法和个人住房公积金时，在缴费标准、转移办法和享受待遇等方面，与中国公民有相同的权利和义务。”“回国创业留学人员在国内首次申报职称时，可比照国内同等资历人员申报相应级别专业技术职务任职资格的评审，免试外语和计算机。对其在国外取得的与国内相对应的技术职务或执业资格，经验证后，在各地人保部门办理确认手续。”“已加入外籍的回国创业留学人员初次申领机动车驾驶证，符合驾驶证申领条件的，可凭其入境时所持有的护照或者其他旅行证件、有效签证或者居留许可，以及公安机关出具的住宿登记证明和身体条件证明，经考试合格后，由公安机关核发《中华人民共和国机动车驾驶证》。持境外机动车驾驶证的回国创业留学人员，符合驾驶证申领条件的，可凭境外机动车驾驶证、身份证明和身体条件证明，经考试合格后，由公安机关核发《中华人民共和国机动车驾驶证》。回国创业留学人员可以凭身份证明及机动车相关证明、凭证，到公安部门申请办理机动车注册登记。”“安排回国创业留学人员的配偶工作和子女就学。随迁配偶就业，采取个人联系和组织推荐相结合的方法，用人单位有接收条件的，要优先安排，确有困难的，当地人保部门要积极帮助推荐就业。随迁子女入托及义务教育阶段入学，由其居住地教育行政部门按照就近入学的原则优先办理入、转学手续，不收取国家规定以外费用。”①

各省市也积极采取行动，为海外留学人员回国生活工作创造良好的条件。北京、上海、广东、四川、天津等地为高层次留学人才回国开辟了回国绿色通道，在出入境、工作报酬、职业资格和安家落户等方面为归国留学人员提供便利与优惠。

北京规定，归国留学人员来京创业、工作，不受出国前户籍所在地限制，可长期居留或短期工作，来去自由；对在中关村科技园创业并符合园区发展需要的归国留学人员，可按北京有关规定办理“工作居住证”或常住户口，不受进京指标限制。

---

① 中共中央组织部，人力资源和社会保障部，科学技术部，等．2011．关于支持留学人员回国创业的意见．人社部发〔2011〕23号．

上海实施“上海市居住证”B证制度，持证的归国留学人员在子女入学、购房等方面可享受上海市民待遇。

广州向归国留学人员颁发“绿本”，提供户口申报、申办企业等“一站式”服务，并规定，对归国留学人员子女入托和就读，由教育部门统一安排，免收借读费；对持有有效期3年以上的《广东省居住证》和省人事厅或市人事局证明、按规定引进的海外高层次人才，其子女入读幼儿园、小学、初中、高中与本市户籍学生享受同等待遇，并按就近入学原则，安排在其父母或委托监护人居住地段的学校就读；对持有市人事局印发的《海外高层次人才证书》的海外高层次人才，其子女入读义务教育阶段学校的，与本市户籍学生享受同等待遇，报读高中阶段学校时加10分投档录取。[①]

浙江规定，在浙江人才特区内持有《浙江省海外高层次人才居住证》人才的子女，按当地户籍人口同等就近接受义务教育。入选国家、省“千人计划”人才的子女需就读当地民办学校的，由当地有关部门优先帮助协调。符合医疗照顾待遇的高层次人才由当地落实相应医疗照顾待遇，设立定点医疗机构提供优质服务，开展定期健康检查。所需医疗资金通过现行医疗保障制度解决，不足部分由用人单位按照有关规定予以解决。[②] 杭州在持属地为杭州的《浙江省海外高层次人才居住证》细则中更明确规定，持证人如有特别突出创业项目的，资助额上不封顶；外籍持证人可在杭州缴存和使用住房公积金购买自住房。与此同时，持证人以自有专利、专有技术、科研成果来杭进行转化、创办企业的，可申报杭州市留学人员回国创业资助专项，经评审符合条件的，重点项目资助额最高可达100万元，优秀项目资助额最高可达50万元，启动项目资助额最高可达20万元，特别突出的项目资助额上不封顶；中国国籍的持证人，可按规定享受杭州市人才保障性住房政策；外籍的持证人凭《居住证》购买涉外销售商品房，符合有关规定的，可申请办理产权证，可按规定在杭州缴存和使用住房公积金购买自住房。[③]

江苏规定，符合条件的海外高层次人才在申领到《海外高层次人才居住证》后可享受3个方面共14项政策和服务。具体来说，在市民待遇方面，可担任企

---

① 中共广州市委，广州市人民政府．2008．关于鼓励海外高层次人才来穗创业和工作的办法．穗字〔2008〕18号．

② 许春良．2011-04-18．浙江为海外高层次人才发放“红卡”．中国组织人事报，第03版．

③ 马余．2011-12-16．杭州：外籍高层次人才持“红卡”可自购住房．南京日报，第A3版．

事业单位领导及重大项目负责人、办理购付汇手续、申报专项资金、参加学术组织和申请政府奖励及职称评定等；在便利服务方面，可免办就业许可、通关、出入境及居留许可，在购房、社会保障、公积金、子女就近入学、申请驾驶证和车辆入户、住宿登记上享受市民待遇等；在优惠政策方面，被事业单位聘用的海外高层次人才，可提供编制保障和不受进人计划限制，研发费用可在计算应纳税所得额时加计扣除，个人收入所得税地方留成部分予以奖励等政策优惠。江苏通过《海外高层次人才居住证》，将身份证件功能与海外高层次人才优惠政策有机地结合在一起[①]，在解决了海外高层次人才市民待遇的同时，为归国留学人员高技术创业提供了良好的政策环境。

综上所述，我国各级政府支持归国留学人员高技术创业的政策很多，几乎涉及归国留学人员高技术创业的方方面面，在推进归国留学人员高技术创业方面发挥着重要的作用。这些支持归国留学人员高技术创业的政策措施虽然得到了归国留学人员的较高评价，但在实施过程中仍然存在着一些政策瓶颈。

当前全国各省市都很重视留学人员创业园的建设，支持归国留学人员高技术创业的政策措施主要集中在园区建设与园区服务上。各地留学人员创业园内的政府部门往往服务意识强，服务效率高，能为归国留学人员创办企业提供高效便捷的服务。但归国留学人员高技术创业是一项系统工程，其生产经营活动并不只局限于留学人员创业园内，加上归国留学人员创办企业孵化成功后，一般都会离开留学人员创业园，直接面对整个社会，直接面对各个相关政府部门。因此，企业的整体发展环境对归国留学人员创办企业的持续发展也有着重要的影响。

但是，当前我国企业总体发展环境与留学人员创业园内的创业环境完全不同。相对于留学人员创业园良好的创业环境与高效便捷的服务，我国企业整体发展环境欠佳，支持归国留学人员高技术创业的整体机制还不完善，各个政府部门不仅或多或少地存在着服务意识淡薄、工作效率低下等问题，而且还存在着信息不透明、各级政府部门协调不力、部门间相互推诿、管理者权力寻租等问题，出现了留学人员创业园内和留学人员创业园外政府服务明显失衡的现象。这些问题或多或少影响了支持归国留学人员高技术创业政策效能的发挥，需要我国各级政府加强政策宣传与政策协调，进而提高政策执行力。

① 江苏省人民政府．2011．江苏省海外高层次人才居住证制度暂行办法．苏政发〔2011〕87号．

与此同时，回国创业融资难是广大归国留学人员创业与发展所面临的普遍难题，也是相当一批归国留学人员创办企业最终失败的主要原因。目前，我国支持归国留学人员高技术创业的政策对归国留学人员创办企业的资金支持主要通过财政渠道，而对归国留学人员创办企业融资影响最大的金融渠道却比较慎重。在直接融资方面，风险投资机制不健全、创业板市场审核门槛高等原因，致使一些优秀归国留学人员创办企业往往以很高的代价投靠境外风险投资或者选择在境外上市。在间接融资方面，由于很多归国留学人员创办企业属于“人脑＋电脑”工作模式，缺乏必要的抵押担保，在现行的贷款审核机制下，获得商业贷款的难度较大，从而影响了企业的扩大再生产。

尽管归国留学人员创办企业融资难问题已经得到了一定的重视，我国各级政府也通过创设中小企业担保基金、设立创业投资引导基金、发行企业债、发行集合信托计划等方式，积极拓展支持归国留学人员创办企业发展的融资渠道。但是，由于大多数资金规模较小，引导力度有限，还无法有效解决归国留学人员创办企业普遍面临的融资难问题。

由于归国留学人员创办企业市场化融资渠道有限，所以，财政经费对归国留学人员高技术创业的直接资助就显得特别重要。目前，我国财政对归国留学人员高技术创业有着不同层次的支持。

从国家层面来看，科技部科技型中小企业创新基金就资助过很多归国留学人员创办企业，但受制于该基金的资助规模与资助强度，一些对创新资金有着较大需求的优秀项目难以得到持续支持。虽然“863”计划、“973”计划等国家科技计划在实践中也对一部分归国留学人员创办企业有所资助，但是受制于计划管理的相关规定，受益的归国留学人员创办企业多局限于内资归国留学人员创办企业，受益面相对较小。鉴于不少归国留学人员创办企业从事的是高精尖项目研究，科研经费需求量较大，目前以科技型中小企业创新基金为主的科技计划支持力度显然有所不足。2010年以后，人社部开始实施“中国留学人员回国创业启动支持计划”，给予归国留学人员创办企业一定的启动资金支持。该基金虽然资助面较宽，但资助金额偏小，对归国留学人员创办企业的支持力度较为有限。

从地方层面来看，各地留学人员创业园的创业扶植资金往往像撒胡椒面似的，比较平均地分配给了归国留学人员创办企业，远不能满足高精尖科技领域归国留学人员创办企业对研发资金的需求。当然，部分地区也对部分优秀归国留学人员创办企业承诺了大额资助，但是这些资金往往不能一次到位，而要根据企业发展状况分期分批予以资助。由于这类资金审核周期长，条件要求高，加之注重短期效益，难以为虽具有潜力但遇到发展瓶颈的归国人员创办企业提供及时的帮助。

不难看出，当前我国财政对归国留学人员高技术创业的资助渠道虽多，但总体资助力度有所不足。除个别优秀企业能得到政府的持续资助外，大多数归国留学人员创办企业并未得到充分的财政支持。

小　　结

在经济全球化的今天，抢占人才高地，掌握未来发展的制高点已成为我国各级政府的共识。近年来，随着中央与地方相继出台多项支持归国留学人员高技术创业的政策措施，全国各地已形成吸引海外留学人才回归、鼓励海外留学人员回国创业的政策氛围，我国归国留学人员的高技术创业步入了持续发展阶段。

人才是第一资源。吸引海外优秀留学人才回归，促使高素质人才归国创业已成为当前我国各级政府工作的重要内容。对此，政府可通过建立健全海外高层次人才跟踪机制，发展海外留学人员交流平台等方式，加强与海外留学人员的沟通交流，增进海外留学人员对国内政策环境的了解，加强对海外高层次人才的吸引力。与此同时，政府还应建立归国留学人才信息系统和归国留学人员创办企业数据库，及时掌握归国创业人员发展状况和个性化需求，为进一步完善支持归国留学人员高技术创业的政策措施提供信息支撑。

归国创业人员在祖国得到实实在在支持的同时，其所从事的高技术创业所蕴涵的风险与可能面临的困境也受到越来越多的关注。初创期归国留学人员创办企业普遍面临着资金瓶颈，大多会遇到融资难问题，需要更多的政策支持。尽管当前各地留学人员创业园都会为归国留学人员创办企业提供一定的创业启动基金，但无论扶持力度还是扶持角度都有改进提升的空间。对此，政府可通过增大归国留学人员创业启动基金额度，增设归国留学人员创业中试基金、归国留学人员创业广宣基金等方式，加强对归国留学人员高技术创业薄弱环节的支持，帮助归国留学人员创办企业度过创业瓶颈期。

支持归国留学人员高技术创业还需进一步优化留学人员创业园的功能。留学人员创业园是富有中国特色的企业孵化器，也是专门服务归国留学人员创办企业、汇集高技术创业要素与资源的平台，更是推进区域经济发展、建设创新型国家的重要手段。目前，各地留学人员创业园都很重视对归国留学人员创办企业的孵化，给予初创阶段高科技企业的服务较多，对发展阶段高科技企业的深层次支持还有所欠缺。在实践中，不少归国留学人员创办企业的竞争对手是国际型大企业，在市场化过程中承受着巨大的压力，因市场推广失败的个案屡有发生。还有些归国留学人员创办企业缺乏管理经验和融资经验，因合作纠纷或融资瓶颈等问题走向失败。尽管这些问题多属于企业自身问题，但留学人员创业园对此仍有发挥作用的空间。对此，留学人员创业园可通过面谈、辅导、培训、会议、展览等方式，帮助企业寻找自身问题，扶助企业克服发展困境。与此同时，政府还可通过扩大国家级留学人员创业园的覆盖范围、加大国家级留学人员创业园的投入力度等方式，鼓励留学人员创业园通过项目扶植、科研配套、宣传奖励、提供品牌专项资金等多种形式，主动为归国留学人员创办企业排忧解难，帮助归国留学人员创办企业提升竞争能力，更好地发挥留学人员创业园聚集资源、促进创新的孵化功能。

为了激发海外留学人员归国创业的积极性和创造力，政府还应拓展归国留学人员高技术创业的概念，鼓励海外高层次人才以讲学、担任顾问、项目合作等柔性流动方式为国家工作或服务。从创业的角度来说，归国留学人员不一定非要在留学人员创业园投资实业，也可带着技术去企业，由企业配以环境、团队和资金，甚至可通过技术入股的方式，以技术带动企业发展。这些方式虽然不是归国留学人员直接投资开创事业，但依然可以属于归国留学人员高技术创业的范畴。实践中，广州、厦门等地就有不少引智创新的案例。这些作法使归国留学人员高技术创业不再局限于回国投资实业，从而使归国留学人员高技术创业的内涵更加丰富、形式更加多样。

特别要强调的是，归国留学人员高技术创业离不开整体商务环境。我国当前支持归国留学人员高技术创业的政策多集中于留学人员创业园，而我国整体商务环境却不甚规范，出现了留学人员创业园内和留学人员创业园外服务失衡的现象。加之我国经济运行成本日益增高、不正当竞争广泛存在、国进民退垄断加剧等问题，归国留学人员高技术创业的整体商务环境并不是特别理想。对此，政府要在进一步完善支持归国留学人员高技术创业政策体系的同时，全面减少行政干预，大力增强服务意识，切实限制行政垄断，为包括归国留学人员创办企业在内的民营经济发展提供宽松的发展环境。

总之，支持归国留学人员高技术创业是一项系统工程，需要国家组织、人事、教育、科技、经济等部门和地方各级政府的共同努力。只有这样，才能制定出切实满足归国留学人员高技术创业需求的政策措施，有效营造鼓励归国留学人员高技术创业的政策氛围，从而促进归国留学人员高技术创业的进一步发展。

附录 中关村归国留学人员高技术创业绩效影响因素的实证研究

影响归国留学人员高技术创业绩效的因素错综复杂。借鉴数学方法进行数量分析与实证研究，有助于厘清影响归国留学人员高技术创业绩效的因素。

本研究通过对中关村科技园留学人员创业园归国留学人员创办企业的抽样调查，构建归国留学人员高技术创业分析模型，采用概念分析和实证研究相结合的方法，对归国留学人员高技术创业绩效影响因素进行分析与研究。

一 创业研究回顾

创业研究有着悠久的历史。自 12 世纪始，“entrepreneur”一词就已经在法语中出现了。但由于当时欧洲盛行封建主义，僵化的体制阻碍了创业与创新。直到 18 世纪，封建主义逐渐消除，资本主义迅速发展，创业活动才日渐活跃。

（一）创业的概念

一般认为，创业者（企业家）的概念由法国银行家 Richard Cantillon 最早提出。他在其 1755 年的著作《商业概论》中分析了经济发展过程中创业者所扮演的角色。但在此后很长的一段时期里，在经济研究中占据主流地位的古典经济理论并不太重视经济体系中创业者的作用。直到 19 世纪，法国政治经济学家 Jean Baptiste Say、英国伦理学家 Jeremy Bentham 和英国经济学家 John Stuart Miller 等才逐步开始关注创业者在企业运行和经济发展中的作用。

20 世纪初，人类步入了工业社会。熊彼特在历史上第一次明确提出创业者就是通过创新和提前行动制造变化与不均衡的人。熊彼特认为，创业是实现创新的过程，而创新是创业的本质和手段。熊彼特把创新比喻成“革命”。创业就是利用一种新发明，或者更一般地说，是利用一种未经试验的技术可能性来生产新商品或用新方法来生产老商品的过程。[①] 在熊彼特看来，经济体系发展的根本动力在于创业活动。创业者往往需要通过开辟原料的新来源或开辟产品的新销路、改组产品结构等手段来改良或彻底改革生产模式，进而推进经济社会的发展。

此后，尽管有不少经济学家、行为科学家、社会学家、人类学家对创业产生了浓厚的兴趣，然而，随着大型公司在工业社会中日益占据主导地位，创业理论并未能得到学者们的足够重视。

20 世纪 70 年代，两次石油危机使许多大型公司受到重大冲击。随着一些世界知名公司的破产倒闭，中小企业在解决就业方面的能力引起了诸多学者的关注，创业研究迅速发展成一个较为独立的研究领域。

进入 20 世纪 80 年代，人们发现中小企业在吸纳就业和推动经济增长方面有着突出的作用。在创业、创新、产业动态性和就业创造等主题成为政治争论焦点的同时，创业研究也成为学者们关注的热点领域，不同的学者赋予了创业不同的内涵。

我国学者朱仁宏对部分国外创业研究中的创业定义进行了比较研究和总结归纳（附表 1）。从附表 1 中可以看出，国外学者对创业的定义主要集中于识别机会的能力、创业家个性与心理特质、获取机会、创建新组织与开展新业务的活动四个方面。

附表 1　国外学者创业定义对照表

定义焦点	作者	年份	定义/解释	定义中的关键修饰词
识别机会的能力	Knight	1921	成功地预测未来的能力	成功；预测未来
	Kirzner	1973	正确地预测下一个不完全市场和不均衡现象在何处发生的套利行为与能力	正确；预测；不完全市场和不均衡现象
	Leibenstein	1978	比竞争对手更明智、更努力工作的能力	更明智；更努力地工作
	Stevenson 等	1985	是洞察机会的能力，而不是用已控制的资源驱动创业	洞察机会
	Conner	1991	按资源观点，从根本上来说，辨识何时投入的能力属于创业家的远见和直觉，但在目前，这种远见下的创造行为却成为资源理论发展的重点	资源观点；何时投入；远见和直觉

① Schumpter I A. 1971. The Fundamental Phenomenon of Economy Development. Entrepreneurship and Economy Development. New York：Free Press：43-70.

续表

定义焦点	作者	年份	定义/解释	定义中的关键修饰词
创业家个性与心理素质	William 和 Bygrave	1989	首创精神、想象力、灵活性、创造性、乐于理性思考和在变化中发现机会的能力	在变化中发现机会
获取机会	Stevenson 等	1994	根据已控制的资源去获取机会	根据已控制的资源
	Shane 和 Venkataramun	2000	发现和利用有利可图的机会	发现和利用；有利可图
	US National Commission on Entrepreneurship	2003	不断的变化会产生创造财富的新机会，创业就是经济主体利用这些新机会的方式	利用；不断的变化
创建新组织与开展新业务的活动	Schumpeter	1934	进行新的结合	新
	Cole	1968	发起、维持和开展以利润为导向的有目的业务活动	发起、维持和开展；有目的
	Vesper	1934	开展独立的新业务	独立的；新
	Gartner	1983	建立新组织	建立；新
	The Academy of Management	1987	创办和管理新业务、小企业和家族企业，创业特征和创业家的特殊问题	创办和管理；新、小、家族、创业家；特殊
	Low 和 MacMillan	1988	创办新企业	创办；新

资料来源：朱仁宏．2004．创业研究前沿理论探讨——定义、概念框架与研究边界．管理科学，(4)：71-77

我国学者也对创业“是什么”或“应该是什么”等问题进行了多维度的探讨。我国学者刘沁玲对国内学者关于创业概念的研究进行了总结，认为国内学界关于创业概念的研究主要有机会价值学说、财富目的学说、组织创新学说、核心要素学说和风险管理学说等五种比较有代表性的观点。①

机会价值学说认为，创业是创业者通过发现和识别商业机会，组织各种资源提供产品和服务以创造价值的过程。其中创业者是创业的主体，机会和价值是创业的核心概念。

财富目的学说认为，创业是个人或团体依托设立企业实现以营利为目的的商业活动。

组织创新学说认为，创业可以是组织内的创新行为，也可以是建立新组织的行为，其核心在于重新开发利用组织资源创造价值。

核心要素学说认为，创业必须实现各种资源要素的新组合。资源是取得创业成功的保证，核心要素包括创业者、技术、资本和市场等各个方面。

风险管理学说认为，创业具有不确定性，创业过程是风险管理的过程。

① 刘沁玲．2008．中国创业学研究的现状和未来方向．科学学研究，(4)：702-709.

在本研究中，创业即“创立经济活动组织”，主要指创办企业。具体到归国留学人员创业，主要指海外留学人员回国创办企业。在实践中，我国政府对归国留学人员创业的范畴进行了界定。中组部、人社部等联合下发的《关于支持留学人员回国创业的意见》提出，留学人员回国创业是指海外留学人员以专利、科研成果、专有技术等回国创办企业。而留学人员企业一般要由留学人员担任企业法人代表，或者留学人员自有资金（含技术入股）及海内外跟进的风险投资占企业总投资的30%以上。

（二）创业绩效的界定

在明晰创业概念的同时，还需界定创业绩效的范畴。在提及创业绩效评价指标时，几乎所有的研究者都很关注利润和财务指标。还有些研究者从顾客满意度、员工满意度、产品创新能力、市场占有率等角度考察创业绩效。

沈超红、罗亮在参考国内外文献的基础上，对许多创业者进行了实地访谈，总结了一系列创业绩效的评价指标，主要包括财务方面、客户层面、内部经营、员工层面的评价指标。[①]

（1）财务方面的评价指标（根据创业企业能否满足股东要求来衡量）。财务方面的指标是衡量一个创业企业成功的核心指标，是创业企业经营能力的最终体现。财务方面的主要评价指标包括利润流动比率、权益净利率、相对市场份额占有率等。

（2）客户层面的评价指标（根据客户如何看待创业企业的角度来衡量）。大多数企业都非常注重从客户层面提高企业竞争力，关注顾客所关心的产品质量、性能和服务等问题。客户层面的主要评价指标包括市场占有率、客户保持率、客户获得率和客户满意率等。

（3）内部经营评价指标（根据创业企业应有的优势来衡量）。创业企业的业绩在很大程度上取决于核心竞争力，即企业生存发展所信赖的关键技术、发展策略与营销手段等。内部经营的主要评价指标包括产品开发循环效率、产品出错率、产品升级周期率等。

（4）员工层面的评价指标（根据创业企业如何提高员工素质来衡量）。在创

---

① 沈超红，罗亮．2006．创业成功关键因素与创业绩效指标研究．中南大学学报（社会科学版），(2)：231-235.

业企业中，客户满意的基础首先是员工的满意，因而要不断提高员工的素质。员工层面的主要评价指标包括员工满意度、员工培训比例等。

（三）创业影响因素的识别

识别创业绩效影响因素始终是创业研究的重点，迄今已有不少成果积累。杜特立豪斯认为，影响早期创业成功的因素有外部环境、创业团队和创业策略。① 斯坦纳和索利姆认为，创业者和创业环境是影响中小企业创业绩效最主要的因素。② 麦克雷认为，中小企业创业绩效的关键因素在于如何采取弹性的经营策略，以适应快速变化的市场需求。③ 弗莱文的研究总结出创业失败主要是因为缺乏资金、缺乏财务控制及会计信息、缺乏管理技巧及经验、无法弹性适应市场变化。④ 美国学者雅那马修斯认为，科技创业获得成功需要拥有推动科技创业成长的优秀人才、支持科技创业的企业文化、清晰的科技创业成长计划、领导科技创业成长的核心团队、支持科技创业过程与政策的组织结构和带领企业成长的优秀领导者等六个要素。⑤ 中国香港学者容永笙认为，进入企业孵化器的高科技公司获得成功应具备明确的策略性任务方针、精细灵活的业务模式，对将来与增长有明细的计划、制胜的科技武器（包括专利权和技术诀窍），认清企业的核心强项，抓住强项去发展自己；总裁可以做好内外的沟通，在原则和弹性之间取得平衡；有技能及责任均分的管理团队，能在科技、管理、市场等方面均衡发展，有良好的执行能力，产品研发能力，产品、财务管理能力及筹集基金能力等。⑥ 周纲和田增瑞通过问卷调查和对创业者的访谈，对上海市科技型企业的创业环境与成功因素进行了总结，他们认为影响创业绩效的主要因素有创业者质素、经历和经验、资源整合能力、创新能力、资金来源、自主知识产权、

---

① Doutriaus J. 1992. Emerging high-tech firms：How durable are their comparative start-up advantage. Journal of Business Venturing，7：303-322.

② Steiner M P，Solem O. 1988. Factors for success in small manufacturing firms. Journal of Small Business Management，26（1）：58-62.

③ Mcrae H. 1998. Celebrating 25 years in business. Director，51（12）：22-24.

④ Flahvin A. 1985. Why small business fail. Australian Accountant，55（9）：56-72.

⑤ Rice M P，Matthews J B. 1995. Growing New Ventures. Creating New Jobs：Principles and Practice of Successful Business Incubation. Quorum Books. Westport CT Quorum Book，13-19.

⑥ 容永笙 . 2000. 科技企业发展的十大成功要素 . 投资与合作，（7）：224，225.

政策扶持等。[①]

上述研究显示，尽管不同学者对影响创业绩效的因素有着不同的看法，但创业者质素、创业机会、创业组织和创业环境等因素在大多数学者的研究中都有所体现。

二 创业模型构建

在构建高技术创业模型之前，有必要对学术界经典创业模型进行回顾。目前学术界比较有影响力的经典创业模型主要有蒂蒙斯（Timmons）创业模型、加纳（Gartner）创业模型、威克姆（Wickham）创业模型、克里斯蒂安（Christian）创业模型和萨尔曼（Sahlman）创业模型。

（一）经典创业模型

1. 蒂蒙斯创业模型[②]

蒂蒙斯1974年在其名著 *New Venture Creation* 中提出了蒂蒙斯创业模型（附图1）。

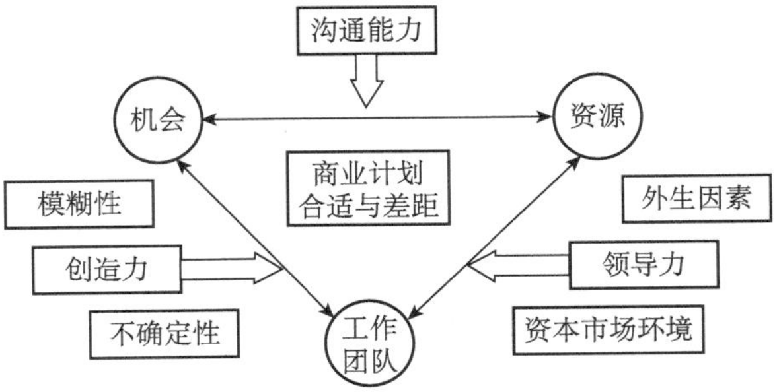

附图1　蒂蒙斯创业模型

蒂蒙斯认为，创业绩效受机会、资源和工作团队三大要素的影响。一般来说，在创业前期，机会的发掘与选择最为关键；在创业初期，工作团队的组建最为关键；在创业活动顺利启动后，才会增加对资源的需求。

---

① 周纲，田增瑞．2008．影响中小企业创业成功的复杂因素——上海市创业投资企业和创业企业调研分析．研究与发展管理，(6)：82-87.

② Timmons J A. 1999. New Venture Creation. 5th ed. Singapore：McGraw-Hill.

蒂蒙斯还认为，在创业过程中，机会的模糊、市场的不确定性、资本市场的风险及外在环境变迁等因素都会影响到创业活动，使创业过程充满了风险，因此，创业活动必须依靠创业者的领导力、创造力与沟通能力来发掘问题，掌握关键要素。只有灵活调整机会、资源、工作团队三大要素的搭配组合，才能使创业活动顺利进行。

在蒂蒙斯创业模型中，创业是一个高度动态的过程。机会、资源、工作团队是创业最重要的三大驱动要素：机会是创业过程的核心要素，创业的核心在于发现和开发机会，并利用机会实施创业，因此，识别与评估机会既是创业过程的起点，也是创业过程极为关键的阶段；资源是创业过程的必要支持，为了合理利用和控制资源，创业者往往要竭力设计企业中长期发展战略，这种战略对初创企业极为重要；工作团队是初创企业的关键组织要素，其中创业领导者和创业团队必须具备较强的学习能力，能够自如地对付逆境，有正直、诚实的品质，富有决心和恒心，具有创造能力、领导能力和沟通能力。与此同时，工作团队还要具有动态调整能力，能适应市场环境的各种变化。

蒂蒙斯创业模型的三个核心要素构成一个倒立的三角形。在三角形中，工作团队位于三角形的底部。在创业初始阶段，商业机会较大而资源较为缺乏，三角形将向左边倾斜。随着企业的发展，企业拥有了较多的资源，但这时原有的商业机会可能变得相对有限，这就导致另一种不均衡。创业领导者及工作团队需要不断探求更大的商业机会，合理利用资源，使企业发展保持动态均衡，而这正是创业企业发展的实际过程。

可见，蒂蒙斯创业模型认为，机会、资源、工作团队是影响创业绩效的三大要素，并始终坚持三大要素之间的动态性、连续性和互动性。

2. 加纳创业模型[①]

加纳 1985 年在其名篇 *A Conceptual Framework for Describing the Phenomenon of New Venture Creation* 中提出了创建新企业的概念框架，进而提出了加纳创业模型。

加纳认为，创建新企业是指组织新的组织的过程，也就是将各个相互独立的行为要素组成合理序列并产生理想结果的过程。以此为基础，他提出了一个

---

① Gartner W B. 1985. A conceptual framework for describing the phenomenon of new venture creation. Academy of Management View，(10)：696-705.

较蒂蒙斯创业模型更为复杂的加纳创业模型（附图 2）。

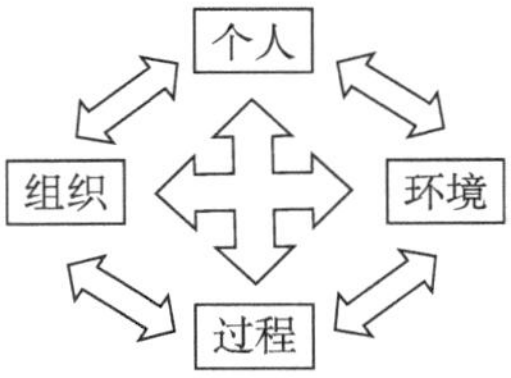

附图 2 加纳创业模型

在加纳创业模型中，新企业创业绩效主要受创业者个人、创业组织、创业环境和创业过程等四大要素的影响。在加纳看来，任何新企业的创立都是这四个要素相互作用的结果。

创业者个人需要有获取成就感的渴望、善于冒险、有丰富的经历等特质；创业过程包括发现商业机会、创业者集聚资源、开始产品生产、创业者建立组织及对政府和社会作出回应等步骤；创业环境主要受技术因素、供应商因素、政府因素、大学因素、交通因素、人口因素等多因素的影响；创业组织包括了内部机构和组织战略的选择等多项变量。

可见，在加纳模型中，在创业者个人、创业组织、创业环境和创业过程等四大要素的相互影响与相互作用下，整个创业活动一直处于动态调整之中。

3. 威克姆创业模型①

威克姆 1998 年在其名篇 *Strategic Entrepreneurship* 中提出了基于学习过程的威克姆创业模型（附图 3）。

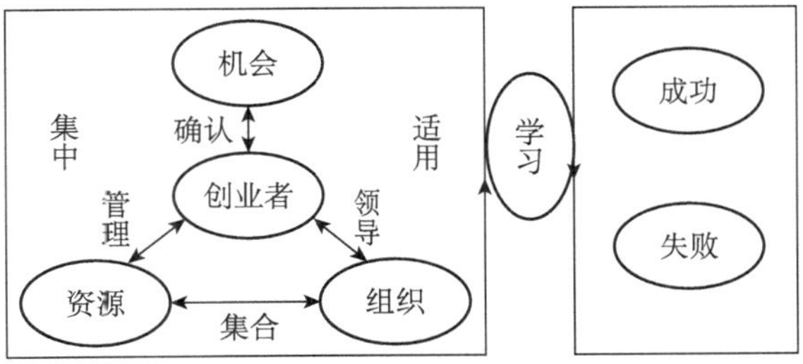

附图 3 威克姆创业模型

威克姆认为，创业绩效主要受创业者、机会、组织和资源等四大要素的影

① Wickham P A. 1998. Strategic Entrepreneurship. New York：Pitman Publishing：30-32.

响。在威克姆创业模型中，创业者始终处于创业活动的中心，通过识别创业机会、确认创业机会、管理创业资源和领导创业组织等方式影响模型中的其他要素。与此同时，资源、机会、组织等三要素之间也互相作用、相互影响：资本、人力、技术等资源集中用于机会利用上，同时要考虑资源的成本和风险；资源的集合形成组织，包括组织的资本结构、组织结构、程序制度和组织文化；组织的资产、结构、程序和文化等形成一个有机的整体，来适应所开发的机会。为此，组织需要根据机会的变化不断进行调整。

威克姆创业模型还揭示了创业组织应该是一个学习型组织，即组织不但要对机会和挑战作出反应，而且还要根据这种反应的结构调整和修改未来的反应。也就是说，创业组织的资产、结构、程序、文化等要随着创业组织的发展不断改进，创业组织要在不断的成功与失败中得到学习与锻炼，才能得以发展壮大。

4. 克里斯蒂安创业模型[①]

克里斯蒂安2000年在其名篇 *Defining the field of research in entrepreneurship* 中认为，创业管理的重点应放在创业者与新事业之间的互动上，并以此为基础提出了克里斯蒂安创业模型（附图4）。

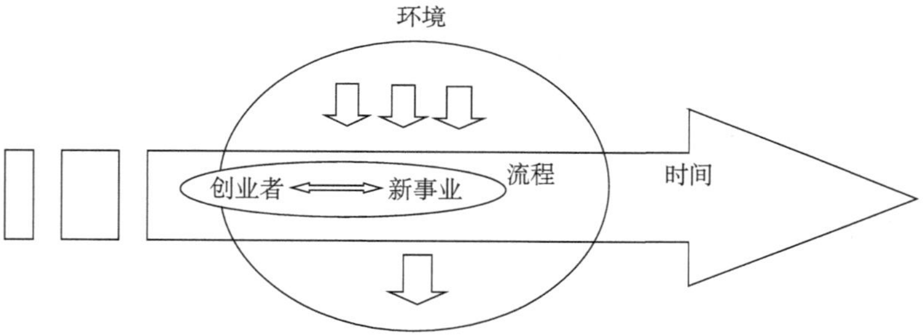

附图4　克里斯蒂安创业模型

在克里斯蒂安创业模型中，创业的两个最基本元素为创业者与新事业，并特别强调创业者与新事业的互动关系。克里斯蒂安认为，如何创立新事业、随着时间变化的创业过程管理和影响创业活动的外部环境网络等三个问题是创业管理的核心问题。

克里斯蒂安创业模型非常重视创业者的作用，认为创业者是创业活动的灵

① Christian B, Julien P A. 2000. Defining the field of research in entrepreneurship. Journal of Business Review, (16): 165-180.

魂与推手，而发展创业者的创业才能是创业管理极为重要的任务。

5. 萨尔曼创业模型[①]

萨尔曼 1999 年在其名篇 *Some Thoughts on Business Plan-The Entrepreneurial Venture* 中提出了萨尔曼创业模型（附图 5）。

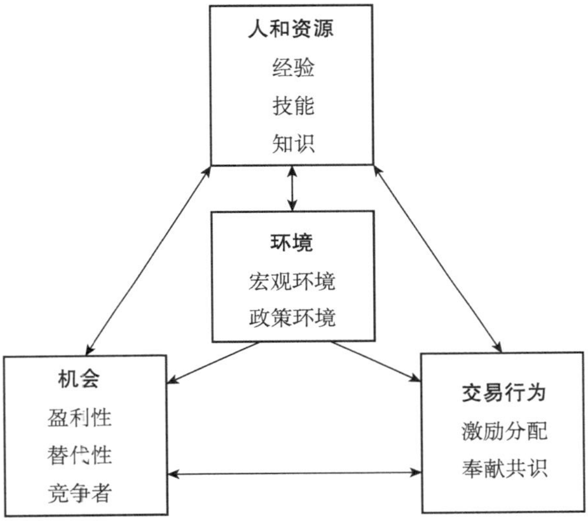

附图 5 萨尔曼（Sahlman）创业模型

在萨尔曼创业模型中，创业过程是人和资源、机会、交易行为及环境四个关键要素相互协调、相互促进的过程。萨尔曼认为，环境是创业四大要素中至关重要的要素，其他三个创业要素来源于环境并反过来影响环境。

萨尔曼创业模型还对传统创业要素进行了拓展，研究了交易行为对创业活动的影响。

萨尔曼创业模型强调创业要素之间的适应性，并扩展了创业要素的外延，为创业实践提供了理论基础，同时也为创业研究开拓了新的视野。

（二）相关假设与变量指标

在借鉴上述经典创业模型的基础上，结合归国留学人员高技术创业的特点，本研究认为，归国留学人员高技术创业绩效主要受创业者素质、创业机会、创

① Sahlman W A. 1999. Some Thoughts on Business Plan：the Entrepreneurial Venture. HBS Publication.

业组织和创业资源等四大要素的影响。由于这些要素都与创业绩效直接相关，本研究特以创业者素质、创业机会、创业组织和创业资源四大要素为基础，构建了归国留学人员高技术创业模型（附图 6）。

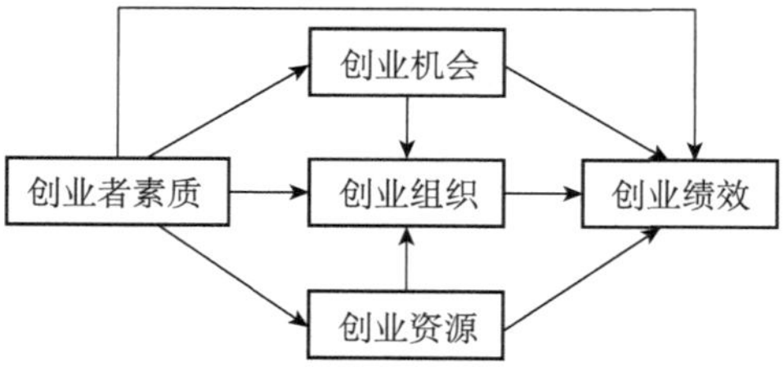

附图 6　归国留学人员高技术创业模型

1. 创业者素质

创业者作为创业活动的发起者，其素质对创业绩效的影响至关重要。上述多个创业模型的实证研究发现，创业者作为创业活动的核心，其自身素质与创业绩效之间存在着正相关关系。同时，众多国内外的实证研究还发现，创业者素质对创业机会的创造与识别、创业资源的获取与利用，以及创业组织的经营与管理都有直接的影响，因此本研究提出如下假设：

H1a：创业者素质对创业绩效呈正向影响；

H1b：创业者素质对创业机会呈正向影响；

H1c：创业者素质对创业组织呈正向影响；

H1d：创业者素质对创业资源呈正向影响。

2. 创业机会

机会的好坏对一件事情的成败具有重要的意义。同样，创业机会对创业绩效有着重要的影响。而且，创业机会还对创业组织的效能有着直接的影响，因此本研究提出如下假设：

H2a：创业机会对创业绩效呈正向影响；

H2b：创业机会对创业组织呈正向影响。

3. 创业组织

创业组织作为创业行动的承载机构，其质量好坏必然对创业绩效产生直接的影响，因此本研究假设：

H3a：创业组织对创业绩效呈正向影响。

4. 创业资源

创业资源不仅对创业绩效有着直接的影响，而且对创业组织的效能有着一定的影响，因此本研究提出如下假设：

H4a：创业资源对创业绩效呈正向影响；

H4b：创业资源对创业组织呈正向影响。

在明确了创业者素质、创业机会、创业组织和创业资源四大要素与创业绩效关系的基础上，本研究借鉴了国内外学者曾使用过的部分变量指标，结合归国留学人员高技术创业状况编制了归国留学人员高技术创业模型的变量指标体系（附表 2），为研究归国留学人员高技术创业绩效影响因素提供了量化分析依据。

附表 2 变量指标体系

变量	测量维度	测量题项
创业绩效	财务指标	公司的利润迅速增长
		公司账面资金充裕
		公司股东对公司获取长期利润的能力满意
	客户	公司产品/服务的市场占有率增长非常迅速
		公司客户很少流失到竞争对手那里
		公司客户对公司的服务满意
	内部经营	公司已开发出具有独特竞争力的产品/服务
		公司产品的营销体系已建立成熟
	员工	公司产品开发效率很高
		公司员工工作热情很高
创业者素质	创业动机	您的创业激情十足，非常渴望成功
		您希望获得更多收入、更高社会地位或自我实现
	心理素质	您的心理素质很好、善于激励他人和自己
	知识	您的知识储备非常全面
	能力	您的分析预见问题和解决问题的能力很强
		您处理问题具有很强的灵活性
		您知人善用，组织协调能力很好
创业机会	宏观经济	您的公司初创业时整体经济形势很好
		当前金融危机对您公司所在行业的影响很小
	行业优势	您的公司所在行业是新兴行业，竞争对手比较分散
	核心技术	您的公司产品先进，能很好创造市场或替代其他产品
创业组织	行业经验	您的组织团队对于所在行业一个或多个方面经验丰富
	财务控制	您的公司财务控制能力良好，资金使用比较谨慎
	计划规划	您的决策层对于商业项目的计划规划能力很好
	管理经验	您的管理层管理经验丰富
	营销技能	您的市场人员营销经验丰富
	人事能力	您的公司能够吸引员工，留住员工
创业资源	项目	您在创业前已经有很好的项目
	团队	您在创业前已找到很好的团队
	资金	创业初期您的创业资金很充足
		创业过程中您的创业资金充足
	专业咨询	创业过程中您能找到薄弱点的专业咨询服务

三 创业模型分析检验

（一）问卷的设计与发放

1. 调查对象选择与抽样设计

根据《北京市归国留学人员创业园十年发展概述》，中关村科技园留学人员创业园是全国范围内最具代表性的归国留学人员创业孵化器，其在电子与信息、生物和医药技术、光机电一体化、新材料、环境保护和新能源高效节能等领域的创业活动比较活跃，是我国归国留学人员创业活动相对密集的区域。

本研究以中关村科技园留学人员创业园中部分归国留学人员创办企业的中高层管理者为调查对象，通过横断面式问卷调查进行验证性实证研究。抽样样本来自中关村科技园留学人员创业园归国留学人员创办企业，采用的抽样方法是随机抽样法，采取的问卷形式是电子问卷，共有 300 个样本。问卷的内容主要依据创建的归国留学人员高技术创业模型所设的变量指标编制。

2. 测量工具设计

以往的众多研究表明，李克特（Liket）5 级量表对于被调查者来说易于理解并能表达他们的观点。因此，本研究调查问卷采用李克特 5 级量表为测量工具。为便于被调查人员能够合理地进行评价和选择，语句有很大、较大、一般、较小、很小（或者很好、较好、一般、较差、很差）5 种描述，并对每一种描述赋予 1～5 的分值，问项设计采用正向提问的原则。

3. 分析方法

本研究的调查问卷通过 Excel 软件录入原始数据进行初步处理，然后运用 SPSS16.0 统计分析软件进行数据分析。数据分析主要包括描述性统计分析、信度分析、效度分析、相关性检验、多元回归分析和验证性因子分析等内容，分析结果用以验证归国留学人员高技术创业模型并对模型进行修正。

（二）数据分析、验证与修正

1. 描述性分析[①]

为开展归国留学人员高技术创业绩效影响因素研究，本次问卷调查共发放

---

① 描述性分析主要是为了了解数据的基本特征，即了解数据的分布情况，主要对数据的结构和总体情况进行描述。描述数据分布特征的统计量可分为两类：一类表示数量的中心位置，另一类表示数量的变异程度（或称离散程度）。两者相互补充，共同反映数据的全貌。

300份问卷，回收259份问卷，问卷回收率为86.3%，其中有效问卷220份，有效回收率达84.9%。

本研究利用频数分布法，通过频数分布表、条形图和直方图，以及集中趋势和离散趋势等统计量对样本的分布特征进行如下分析。

在被调查的归国留学人员创办企业中，电子与信息行业企业数目最多，占了样本的近一半，这既符合中关村科技园"中国IT重镇"的产业地位，也反映出电子与信息行业是中关村科技园归国留学人员创业最为活跃的领域；生物、医药技术行业企业数占到样本总数的1/5，说明该领域是中关村科技园重点支持的领域，也说明中关村科技园归国留学人员热衷于在生物、医药技术领域创业；光机电一体化、新材料、环境保护、新能源高效节能等行业，样本数量相差不大，加起来占到样本总数的35%，这些行业既是中关村科技园积极发展的产业、国内外创新较为密集的行业，亦是中关村科技园归国留学人员高技术创业的重要领域（附图7）。

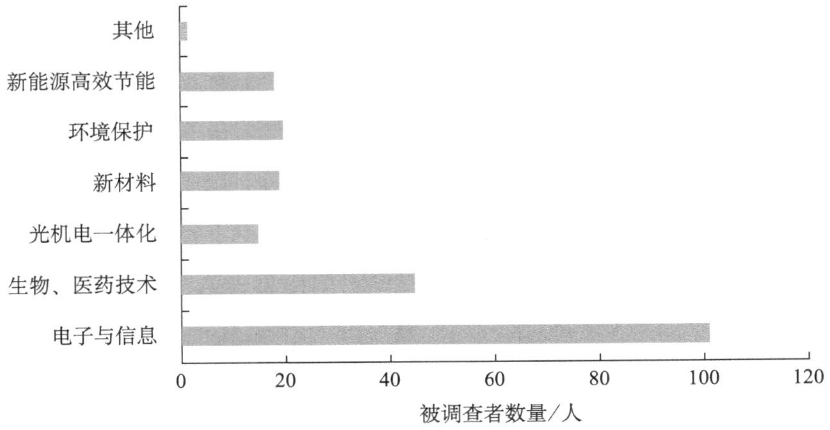

附图7　归国留学人员创业行业分布情况

在被调查的归国留学人员创办企业中，有77.73%的归国留学人员创办企业已获得"高新技术企业认证"，有20.45%正在申请"高新技术企业认证"，也就是说，有98%左右的归国留学人员创办企业在高技术领域开展创业活动（附图8），这与中关村科技园归国创业人员的高技术背景与高科技资源密切相关。

在被调查的归国创业人员中，男性归国创业人员数占样本总数的75.45%，女性归国创业人员数占样本总数的24.55%（附图9）。归国创业人员中的女性所占比例远高于全球创业观察调查所得的9%的社会女性平均创业比率，说明女性归国留学人员比社会上大多数女性有着更高的创业意愿。

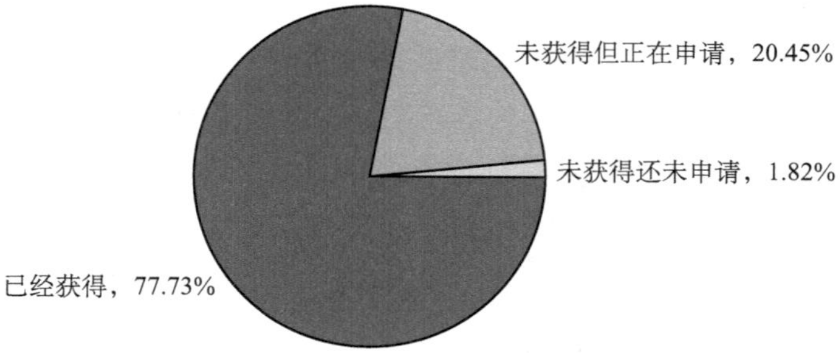

附图 8　归国留学人员创办企业通过“高新技术企业认证”的情况

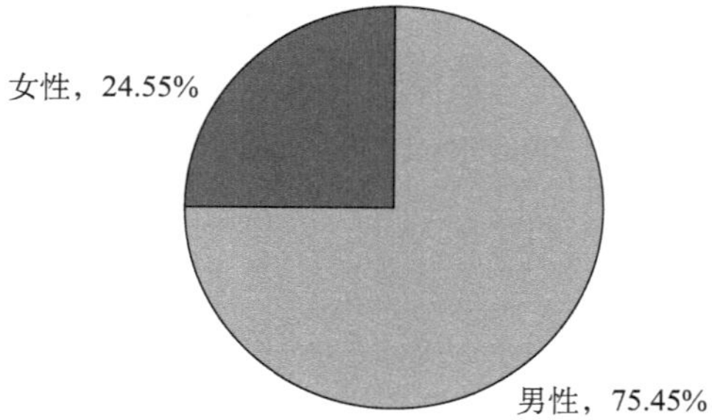

附图 9　归国创业人员性别分布

在被调查的归国创业人员中，25～30 周岁归国创业人员数占样本总数的 18.18%，31～40 周岁归国创业人员数占样本总数的 66.67%，41～50 周岁归国创业人员数占样本总数的 15.15%，50 岁以上归国创业人员数为零（附图 10）。以上数据说明，大部分归国创业人员是在学业有成并有一定工作经验与社会阅历后才开始创业。同时也显示，创业意愿与年龄有着很大的相关度，31～40 周岁归国留学人员创业意愿最强，而 50 岁以上归国留学人员创业意愿相对较低。

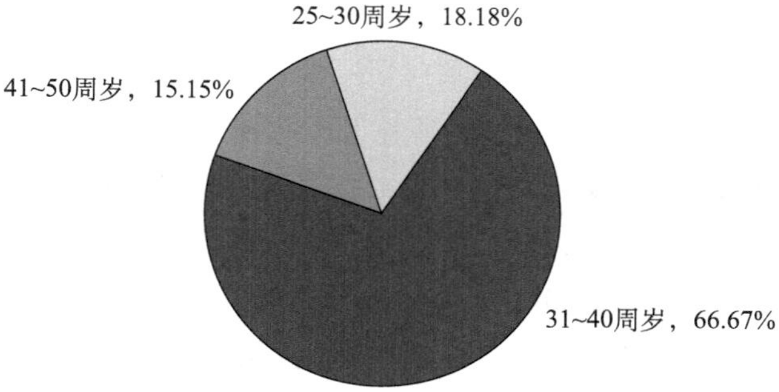

附图 10　归国留学人员高技术创业的创业年龄

在被调查的归国创业人员中，博士（含博士后）创业者占样本总数的81.8%，硕士创业者占样本总数的17.0%，学士创业者占样本总数的1.2%，无本科以下学历的创业者（附图11）。以上数据说明，归国创业人员受教育程度普遍较高，因此多从事技术含量较高或知识含量较高的高技术创业活动。

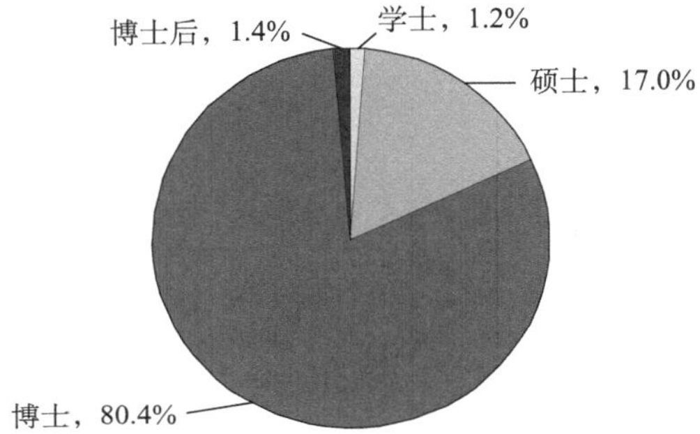

附图11 归国留学人员高技术创业者的教育水平

2. 验证性因子分析[①]

在归国留学人员高技术创业模型中，影响归国留学人员高技术创业绩效的因素被假设为创业者素质、创业机会、创业组织和创业资源等四大要素，那么这四大要素是否就是归国留学人员高技术创业绩效的影响因子，还需进一步进行验证性因子分析。

本次问卷调查结果经SPSS16.0软件分析，得出问卷KMO值为0.728，巴特利特球形检验的χ^2为3054.684，自由度为120，表明巴特利特球形检验显著（附表3）。一般认为，如果KMO值小于0.5，不太适合进行因子分析，而本次问卷调查结果的KMO值为0.728，适合进行因子分析。

附表3 KMO值和巴特利特球形检验

Kaiser-Meyer-Olkin 值		0.728
巴特利特球形检验	χ^2值	3054.684
	自由度	120
	显著性	0.000

在进行因子分析时，本研究利用主成分分析法和正交旋转中的方差极大法则，共提取了创业者素质、创业机会、创业组织和创业资源等四个因子（附

① 验证性因子分析是社会调查数据的一种统计分析方法，用于测试一个因子与相对应的测度项之间的关系是否符合研究者所设计的理论关系。

表4）。这四个因子累计解释方差变动的75.113%，其具体表述如下。

因子1包括创业者的创业动机、心理素质、知识、能力四个维度，构成了创业者素质因素。

因子2包括行业经验、财务控制、计划规划、管理经验、营销技能、人事能力等六个维度，构成了创业组织因素。

因子3包括宏观经济、行业优势、核心技术等三个维度，构成创业机会因素。

因子4包括项目、团队、资金、专业咨询等四个维度，构成创业资源因素。

附表4　旋转后的因子矩阵

测量变量	主成分			
	1	2	3	4
创业动机	0.838			
心理素质	0.677			
知识	0.573			
能力	0.698			
行业经验		0.572		
财务控制		0.680		
计划规划		0.569		
管理经验		0.884		
营销技能		0.892		
人事能力		0.652		
宏观经济			0.593	
行业优势			0.815	
核心技术			0.875	
项目				0.794
团队				0.853
资金				0.656
专业咨询				0.150

3. 信度分析[①]

为了检验调查问卷在测量相关变量上是否具有稳定性和一致性，需要对本次问卷调查结果进行信度分析。

本研究使用SPSS16.0软件对归国留学人员高技术创业模型中的创业者素质、创业机会、创业组织和创业资源等四个变量进行了信度分析。

一般认为，当量表的Cronbach α 系数高于0.7时，说明该量表具有相当程

① 信度分析是指采用同样的方法对同一对象重复测量时所得结果的一致性程度进行分析。

度的信度。从数据可靠性分析结果（附表 5）中可以看出，四个变量的信度都在 0.70 以上。加上总体量表的总体信度为 0.825，因此，本次问卷调查结果具有较高的信度，表明本研究所使用的量表具有相当高的稳定性和一致性。

附表 5　数据可靠性分析结果

维度	Cronbach α 系数	题项	题项与因子的相关系数	删除题项后的 α 系数
创业者素质	0.726	创业动机 1	0.285	0.736
		创业动机 2	0.181	0.763
		心理素质 1	0.769	0.679
		知识 1	0.699	0.725
		能力 1	0.624	0.664
		能力 2	0.645	0.666
		能力 3	0.469	0.702
创业组织	0.893	行业经验 1	0.759	0.918
		财务控制 1	0.686	0.889
		计划规划 1	0.789	0.876
		管理经验 1	0.813	0.872
		营销技能 1	0.857	0.864
		人事能力 1	0.802	0.874
创业机会	0.707	宏观经济 1	0.542	0.794
		宏观经济 2	0.872	0.106
		行业优势 1	0.126	0.650
		核心技术 1	0.747	0.277
创业资源	0.708	项目 1	0.589	0.608
		团队 1	0.740	0.296
		资金 1	0.091	0.792
		资金 2	0.757	0.261
		专业咨询 1	0.767	0.389

4. 效度分析[①]

为了检验调查问卷测量结果的有效性或正确性，本研究从结构效度的角度对问卷调查结果进行了效度检验。

从整体解释的变异数分析结果（附表 6）中可以看出，转轴后所选取的四个因子所解释的整体变异程度为 75.113%，因此，本研究所使用的量表具有很好的结构效度。

---

① 效度分析是指对所有测量对象能测量到的程度进行分析。

附表 6 整体解释的变异数（转轴后的数据）

主成分	转轴后的因子负荷		
	转轴后的特征值	解释的变异量所占比例/%	累计所占比例/%
1	4.081	25.506	25.506
2	3.401	21.253	46.759
3	2.993	18.708	65.467
4	1.543	9.646	75.113

5. 相关性检验①

为了检验归国留学人员高技术创业模型的四个变量是否与创业绩效存在函数关系，本研究采用 SPSS16.0 软件对创业者素质、创业机会、创业组织和创业资源等四个变量与创业绩效的相关性，以及创业者素质、创业机会、创业组织和创业资源四个变量之间的相关性进行了数量分析。

从各影响因素与财务状况、客户状况、内部经营状况和员工状况等创业绩效指标相关系数分析结果（附表 7）中可以发现，财务状况与创业者素质、创业组织、创业机会、创业资源在概率 0.01 下均达到显著性水平；客户状况与创业者素质、创业组织、创业机会、创业资源在概率 0.01 下均达到显著性水平；内部经营状况与创业者素质、创业组织、创业机会、创业资源在概率 0.01 下均达到显著性水平；员工状况与创业者素质、创业组织、创业机会、创业资源在概率 0.01 下均达到显著性水平。可见，创业者素质、创业机会、创业组织和创业资源等四个变量与创业绩效之间存在着函数关系，创业者素质、创业机会、创业组织和创业资源等四个变量对创业绩效都有明确的影响。

附表 7 各影响因素与财务状况、客户状况、内部经营状况和员工状况之间的相关系数

		创业者素质	创业组织	创业机会	创业资源
财务状况	皮尔逊系数	0.685**	0.629**	0.472**	0.483**
	显著性	0.000	0.000	0.000	0.000
	样本数	220	220	220	220
客户状况	皮尔逊系数	0.691**	0.541**	0.446**	0.449**
	显著性	0.000	0.000	0.000	0.000
	样本数	220	220	220	220
内部经营状况	皮尔逊系数	0.696**	0.574**	0.443**	0.456**
	显著性	0.000	0.000	0.000	0.000
	样本数	220	220	220	220
员工状况	皮尔逊系数	0.534**	0.460**	0.347**	0.270**
	显著性	0.000	0.000	0.000	0.000
	样本数	220	220	220	220

** 表示在概率水平≤0.01 时，相关性非常显著

① 相关性检验是检验变量与自变量之间是否存在函数关系的分析方法。

从皮尔逊系数来看，财务状况、客户状况、内部经营状况、员工状况四项指标与创业者素质相关性最高，与创业组织的相关性次之，与创业机会和创业资源亦有一定的相关性，且相关性相差不大。

从创业者素质与创业机会、创业组织、创业资源的相关系数分析结果（附表8）中可以发现，创业者素质与创业机会、创业组织、创业资源在概率0.01下均达到显著性水平，且均呈现正相关。

附表8　创业者素质与创业机会、创业组织、创业资源的相关系数

		创业机会	创业组织	创业资源
创业者素质	皮尔逊系数	0.454**	0.558**	0.634**
	显著性	0.000	0.000	0.000
	样本数	220	220	220

** 表示在概率水平≤0.01时，相关性非常显著

从皮尔逊系数来看，创业者素质与创业资源的相关性最高，与创业组织的相关性次之，与创业机会亦有一定的相关性。

从创业机会、创业资源与创业组织之间的相关系数分析结果（附表9）中可以看出，创业机会、创业资源与创业组织在概率0.01下均达到显著性水平，且均呈现正相关。

附表9　创业机会、创业资源与创业组织之间的相关系数

		创业组织
创业机会	皮尔逊系数	0.455**
	显著性	0.000
	样本数	220
创业资源	皮尔逊系数	0.672**
	显著性	0.000
	样本数	220

** 表示在概率水平≤0.01时，相关性非常显著

从皮尔逊系数来看，创业资源与创业组织的相关性要高于创业机会与创业组织的相关性。

6. 多元回归分析①

虽然财务状况、客户状况、内部经营状况、员工状况等创业绩效相关考察维度都与创业者素质、创业组织、创业机会、创业资源等四个变量之间呈显著相关关系，但还需对相关性的影响方向进一步进行解释。对此，本研究借助

① 多元回归分析是研究多个变量之间关系的回归分析方法。

SPSS16.0 软件采用多元线性回归中的逐步回归法进行进一步分析。

由于本研究是从财务状况、客户状况、内部经营状况、员工状况等四个维度对创业绩效进行衡量，所以，将财务状况、客户状况、内部经营状况、员工状况分别作为自变量进行回归分析。同时，在进行回归分析前，利用 SPSS16.0 软件中的探索性分析对量表数据进行了正态检验，结果表明回收的有效问卷数据符合正态分布，适合作回归分析。

1）财务角度的回归分析

以财务状况作因变量，采用多元线性回归中的逐步回归法进行分析。结果发现，在概率水平 $F\leqslant 0.050$ 情况下，创业者素质、创业组织、创业机会、创业资源四个变量均进入回归方程，且四个变量与财务状况的多元相关系数为 0.745，联合解释变异量为 55.5%。也就是说，进入回归模型的创业者素质、创业组织、创业机会、创业资源四个变量能够联合预测财务状况 55.5%的变异量（附表 10）。

附表 10　模型拟合程度

模式	多元相关系数（R 值）	解释量（R^2）	调整后的解释量（Adjusted-R^2）	估计标准误差
1	0.658[a]	0.433	0.430	0.455 03
2	0.729[b]	0.532	0.528	0.414 26
3	0.738[c]	0.545	0.538	0.409 51
4	0.745[d]	0.555	0.546	0.405 97

a 预估因子（自变量）：创业者素质；b 预估因子（自变量）：创业者素质、创业组织；c 预估因子（自变量）：创业者素质、创业组织、创业机会；d 预估因子（自变量）：创业者素质、创业组织、创业机会、创业资源

再从回归系数来看，创业者素质、创业组织、创业机会和创业资源等四个变量与创业企业的财务状况的相关系数分别为 0.459、0.405、0.150、0.150，可得以下标准化回归方程（附表 11）。

附表 11　回归系数[a]

	未标准化回归系数		标准化回归系数	T 值	显著性
	B	Std. Error	Beta		
常数项	−2.179	0.386		−5.643	0.000
创业者素质	0.902	0.121	0.459	7.444	0.000
创业组织	0.602	0.095	0.405	6.320	0.000
创业机会	0.229	0.082	0.150	2.783	0.006
创业资源	0.223	0.107	0.150	2.188	0.030

a 因变量：财务水平

财务状况＝0.459×创业者素质＋0.405×创业组织
＋0.150×创业机会＋0.150×创业资源

2）客户角度的回归分析

以客户状况作因变量，采用多元线性回归中的逐步回归法进行分析，结果发现，在概率水平 $F\leqslant 0.050$ 情况下共有三个变量进入回归模型。这三个变量分别为创业者素质、创业组织和创业机会。创业者素质、创业组织和创业机会三个变量与客户状况的多元相关系数为0.717，联合解释变异量为51.4%。也就是说，进入回归模型的创业者素质、创业组织和创业机会三个变量能联合预测客户状况51.4%的变异量（附表12）。

附表12 模型拟合程度

模式	多元相关系数（R 值）	解释量（R^2）	调整后的解释量（Adjusted-R^2）	估计标准误差
1	0.691[a]	0.478	0.476	0.299 87
2	0.709[b]	0.502	0.497	0.293 61
3	0.717[c]	0.514	0.507	0.290 71

a 预估因子（自变量）：创业者素质；b 预估因子（自变量）：创业者素质、创业组织；c 预估因子（自变量）：创业者素质、创业组织、创业机会

再从回归系数来看，创业者素质、创业组织、创业机会三个变量与创业企业客户状况的相关系数分别为0.550、0.149、0.128，可得以下标准化回归方程（附表13）。

附表13 回归系数[a]

	未标准化回归系数		标准化回归系数	T 值	显著性
	B	Std. Error	Beta		
常数项	−0.718	0.276		−2.598	0.010
创业者素质	0.744	0.080	0.550	9.267	0.000
创业组织	0.152	0.061	0.149	2.499	0.013
创业机会	0.135	0.058	0.128	2.316	0.022

a 因变量：客户状况

客户状况＝0.550×创业者素质＋0.149×创业组织＋0.128×创业机会

3）内部经营角度的回归分析

以内部经营状况作因变量，采用多元线性回归中的逐步回归法进行分析，结果发现，在概率水平 $F\leqslant 0.050$ 情况下，创业者素质、创业组织、创业资源、创业机会等四个变量均依次进入回归方程，且创业者素质、创业组织、创业机会、创业资源等四个变量与内部经营状况的多元相关系数为0.745，联合解释变异量为55.5%。也就是说，进入回归模型的创业者素质、创业组织、创业资源、创业机会四个变量能够联合预测内部经营状况55.5%的变异量（附表14）。

附表 14　模型拟合程度

模式	多元相关系数（R 值）	解释量（R^2）	调整后的解释量（Adjusted-R^2）	估计标准误差
1	0.696[a]	0.484	0.482	0.383 38
2	0.731[b]	0.534	0.529	0.365 23
3	0.738[c]	0.545	0.539	0.361 68
4	0.745[d]	0.555	0.547	0.358 37

a 预估因子（自变量）：创业者素质；b 预估因子（自变量）：创业者素质、创业组织；c 预估因子（自变量）：创业者素质、创业组织、创业资源；d 预估因子（自变量）：创业者素质、创业组织、创业资源、创业机会

再从回归系数来看，可以发现创业者素质、创业组织、创业资源和创业机会等四个变量与创业企业的内部经营状况的相关系数分别为 0.578、0.317、0.180、0.120，可得以下标准化回归方程（附表 15）。

附表 15　回归系数[a]

	未标准化回归系数		标准化回归系数	T 值	显著性
	B	Std. Error	Beta		
常数项	−1.766	0.341		−5.183	0.000
创业者素质	1.004	0.107	0.578	9.391	0.000
创业组织	0.416	0.084	0.317	4.948	0.000
创业资源	0.247	0.094	0.180	2.628	0.009
创业机会	0.163	0.073	0.120	2.238	0.026

a 因变量：内部经营状况

$$内部经营状况=0.578\times 创业者素质+0.317\times 创业组织+0.180\times 创业资源+0.120\times 创业机会$$

4）员工角度的回归分析

以员工状况作因变量，采用多元线性回归中的逐步回归法进行分析，结果发现，在概率水平 $F\leqslant 0.050$ 情况下，共有三个变量进入回归模型，这三个变量分别为创业者素质、创业组织和创业资源。创业者素质、创业组织和创业资源三个变量与客户状况的多元相关系数为 0.607，联合解释变异量为 36.8%。也就是说，进入回归模型的创业者素质、创业组织、创业资源三个变量能够联合预测客户状况 36.8%的变异量（附表 16）。

附表 16　模型拟合程度

模式	多元相关系数（R 值）	解释量（R^2）	调整后的解释量（Adjusted-R^2）	估计标准误差
1	0.534[a]	0.285	0.281	0.363 38
2	0.568[b]	0.323	0.316	0.354 59
3	0.607[c]	0.368	0.360	0.343 04

a 预估因子（自变量）：创业者素质；b 预估因子（自变量）：创业者素质、创业组织；c 预估因子（自变量）：创业者素质、创业组织、创业资源

再从回归系数来看，创业者素质、创业组织、创业资源与创业企业员工状况的相关系数分别为0.552、0.382、0.318，可得以下标准化回归方程（附表17）。

附表17 回归系数[a]

	未标准化回归系数		标准化回归系数	T值	显著性
	B	Std. Error	Beta		
常数项	1.032	0.322		3.206	0.002
创业者素质	0.730	0.100	0.552	7.261	0.000
创业组织	0.40	0.079	0.382	5.091	0.000
创业机会	0.352	0.089	0.318	3.949	0.000

a 因变量：员工状况

员工状况＝0.552×创业者素质＋0.382×创业组织＋0.318×创业资源

7. 路径分析①

为研究创业者素质、创业组织、创业资源和创业机会四个变量之间的关系，本研究利用路径分析法分别对创业者素质、创业组织、创业机会、创业资源四个变量与留学人员创业园归国留学人员创办企业财务状况、内部经营状况、员工状况之间的关系进行了研究，进而对创业者素质、创业组织、创业机会、创业资源等四个变量之间的多层因果关系及其相关强度进行了分析。

1）以财务状况来衡量创业绩效

a. 各变量与财务状况之间的路径

各变量与财务状况之间的模型拟合程度与路径系数分别如附表18和附表19所示。

附表18 模型拟合程度

模式	多元相关系数（R值）	解释量（R^2）	调整后的解释量（Adjusted-R^2）	估计标准误差
1	0.745[a]	0.555	0.546	0.405 97

a 预估因子（自变量）：创业资源、创业组织、创业者素质、创业机会

附表19 路径系数[a]

	未标准化回归系数		标准化回归系数	T值	显著性
	B	Std. Error	Beta		
常数项	－2.179	0.386		－5.643	0.000
创业者素质	0.902	0.121	0.459**	7.444	0.000
创业机会	0.229	0.082	0.150**	2.783	0.006

① 路径分析是一种研究多个变量之间多层因果关系及其相关强度的方法，其目的在于确定各变量之间的因果关系是否存在或因果关系的强弱程度。

续表

	未标准化回归系数		标准化回归系数	T 值	显著性
	B	Std. Error	Beta		
创业组织	0.602	0.095	0.405**	6.320	0.000
创业资源	0.223	0.107	0.150*	2.188	0.030

a 因变量：财务状况

** 表示在概率水平≤0.01 时，路径非常显著；* 表示在概率水平≤0.05 时，路径一般显著

从附表 18 中可以发现，决定系数 R^2 为 0.555，即表示在因变量（财务状况）的变异中自变量（创业者素质、创业组织、创业资源和创业机会等四个变量）所能解释的部分。也就是说，创业者素质、创业组织、创业资源和创业机会四个变量能够解释的变异量程度为 0.555，而未能解释的变异量（即路径残差系数①）为 0.667。

从附表 19 中可以发现，创业者素质、创业机会、创业组织对财务状况的路径非常显著，创业资源对其财务状况的路径一般显著，说明路径可以不用进行修正。

b. 创业者素质、创业机会、创业资源与创业组织之间的路径

路径分析的基本情况如附表 20 所示。

附表 20　模型拟合程度

模式	多元相关系数（R 值）	解释量（R^2）	调整后的解释量（Adjusted-R^2）	估计标准误差
1	0.704[a]	0.496	0.489	0.290 09

a 预估因子（自变量）：创业者素质、创业动机、创业资源

从附表 20 中可以发现，决定系数 R^2 为 0.496，即表示在因变量（创业组织）的变异中自变量（创业者素质、创业动机、创业资源等三个变量）所能解释的部分。也就是说，创业者素质、创业动机、创业资源等三个变量能够解释的变异量程度为 0.496，而未能解释的变异量（即路径残差系数）为 0.710。

从附表 21 中可以发现，创业者素质、创业资源与创业组织的路径非常显著，创业机会与创业组织的路径一般显著，路径不需要修正。

附表 21　路径系数[a]

	未标准化回归系数		标准化回归系数	T 值	显著性
	B	Std. Error	Beta		
常数项	0.069	0.276		0.252	0.801
创业者素质	0.243	0.085	0.183**	2.853	0.005
创业机会	0.149	0.058	0.144*	2.562	0.011
创业资源	0.513	0.068	0.488**	7.546	0.000

a 因变量：创业组织

** 表示在概率水平≤0.01 时，路径非常显著；* 表示在概率水平≤0.05 时，路径一般显著

① 路径残差系数＝（$1-R^2$）1/2。

c. 创业者素质与创业机会之间的路径

路径分析的基本情况如附表 22 所示。

附表 22　模型拟合程度

模式	多元相关系数（R 值）	解释量（R^2）	调整后的解释量（Adjusted-R^2）	估计标准误差
1	0.454[a]	0.207	0.203	0.350 70

a 预估因子（自变量）：创业者素质

从附表 22 中可以发现，决定系数 R^2 为 0.207，即表示在因变量（创业机会）的变异中自变量（创业者素质）所能解释的部分。也就是说，创业者素质能够解释的创业机会变异量程度为 0.207，而未能解释的变异量（即路径残差系数）为 0.890。

从附表 23 中可以发现，创业者素质与创业组织之间的路径非常显著，路径不需要进行修正。

附表 23　路径系数[a]

	未标准化回归系数		标准化回归系数	T 值	显著性
	B	Std. Error	Beta		
常数项	0.839	0.329		2.552	0.011
创业者素质	0.582	0.077	0.454**	7.533	0.000

a 因变量：创业机会

** 表示在概率水平≤0.01 时，路径非常显著

d. 创业者素质与创业资源之间的路径

路径分析的基本情况如附表 24。

附表 24　模型拟合程度

模式	多元相关系数（R 值）	解释量（R^2）	调整后的解释量（Adjusted-R^2）	估计标准误差
1	0.634[a]	0.402	0.399	0.300 16

a 预估因子（自变量）：创业者素质

从附表 24 中可以发现，决定系数 R^2 为 0.402，即表示在因变量（创业资源）的变异中自变量（创业者素质）所能解释的部分。也就是说，创业者素质能够解释的创业机会变异量程度为 0.402，而未能解释的变异量（即路径残差系数）为 0.773。

从附表 25 中可以发现，创业者素质与创业资源的路径非常显著，路径不需要进行修正。

附表 25 路径系数[a]

	未标准化回归系数		标准化回归系数	T 值	显著性
	B	Std. Error	Beta		
常数项	0.107	0.281		0.382	0.703
创业者素质	0.801	0.066	0.634**	12.103	0.000

a 因变量：创业资源

** 表示在概率水平≤0.01 时，路径非常显著

综合以上各条路径分析结果，得到以财务状况衡量归国留学人员高技术创业绩效的初始路径（附图 12）。

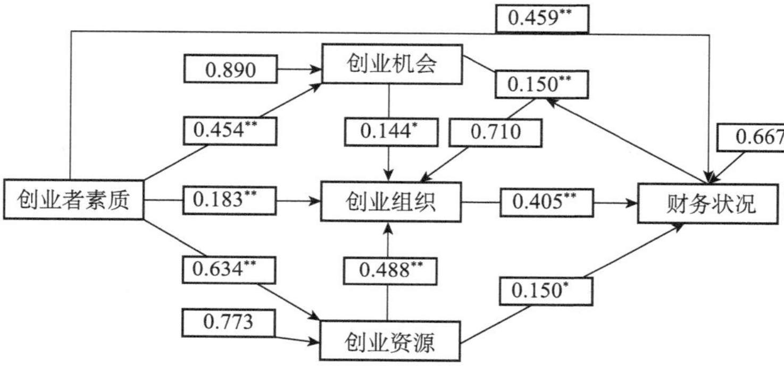

附图 12 财务状况的路径图

** 表示在概率水平≤0.01 时，路径非常显著；* 表示在概率水平≤0.05 时，路径一般显著

以财务状况来衡量创业绩效时，利用路径图对假设进行验证，得到验证的假设如下：

H1a：创业者素质对创业绩效呈正向影响；

H1b：创业者素质对创业机会呈正向影响；

H1c：创业者素质对创业组织呈正向影响；

H1d：创业者素质对创业资源呈正向影响；

H2a：创业机会对创业绩效呈正向影响；

H2b：创业机会对创业组织呈正向影响；

H3a：创业组织对创业绩效呈正向影响；

H4a：创业资源对创业绩效呈正向影响；

H4b：创业资源对创业组织呈正向影响。

2）以客户状况来衡量创业绩效

各变量与客户状况之间的模型拟合程度与路径系数分别如附表 26 和附表 27 所示。

附表 26　模型拟合程度

模式	多元相关系数（R 值）	解释量（R^2）	调整后的解释量（Adjusted-R^2）	估计标准误差
1	0.732[a]	0.522	0.513	0.288 95

a 预估因子（自变量）：创业资源、创业组织、创业机会、创业者素质

附表 27　路径系数[a]

	未标准化回归系数		标准化回归系数	T 值	显著性
	B	Std. Error	Beta		
常数项	−0.731	0.275		−2.661	0.008
创业者素质	0.806	0.086	0.597**	9.348	0.000
创业机会	0.152	0.059	0.144**	2.589	0.010
创业组织	0.211	0.068	0.206**	3.108	0.002
创业资源	0.145	0.076	0.135	1.908	0.058

a 因变量：客户情况

** 表示在概率水平≤0.01 时，路径非常显著

从附表 26 中可以发现，决定系数 R^2 为 0.522，即表示在因变量（客户状况）的变异中自变量（创业者素质、创业组织、创业资源和创业机会四个变量）所能解释的部分。也就是说，创业者素质、创业组织、创业资源和创业机会能够解释的变异量程度为 0.522，而未能解释的变异量（即路径残差系数）为 0.691。

从附表 27 中可以发现，创业者素质、创业机会、创业组织对客户状况的路径非常显著，创业资源对客户状况的路径不显著，因此需要对路径进行修正。

由于其他变量之间的路径没有发生变化，所以以客户状况来衡量归国留学人员高技术创业绩效所得到的初始路径（附图 13）需要进一步修正。

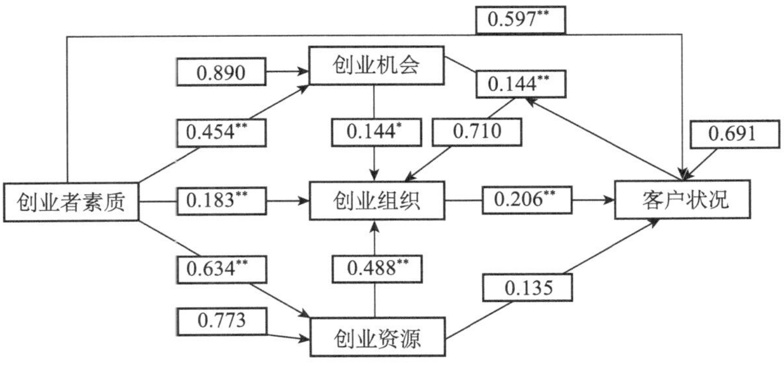

附图 13　客户情况的初始路径图

** 表示在概率水平≤0.01 时，路径非常显著；* 表示在概率水平≤0.05 时，路径一般显著

3）以内部经营状况来衡量创业绩效

各变量与内部经营状况之间的模型拟合程度与路径系数分别如附表 28 和附

表 29 所示。

附表 28　模型拟合程度

模式	多元相关系数（R 值）	解释量（R^2）	调整后的解释量（Adjusted-R^2）	估计标准误差
1	0.745[a]	0.555	0.547	0.358 37

a 预估因子（自变量）：创业资源、创业机会、创业者素质、创业组织

附表 29　路径系数[a]

	未标准化回归系数		标准化回归系数	T 值	显著性
	B	Std. Error	Beta		
常数项	−1.766	0.341		−5.183	0.000
创业者素质	1.004	0.107	0.578**	9.391	0.000
创业机会	0.163	0.073	0.120*	2.238	0.026
创业组织	0.416	0.084	0.317**	4.948	0.000
创业资源	0.247	0.094	0.180**	2.628	0.009

a 因变量：内部经营状况

** 表示在概率水平≤0.01 时，路径非常显著；* 表示在概率水平≤0.05 时，路径一般显著

从附表 28 中可以发现，决定系数 R^2 为 0.555，即表示在因变量（内部经营状况）的变异中自变量（创业者素质、创业组织、创业资源和创业机会等四个变量）所能解释的部分。也就是说，创业者素质、创业组织、创业资源和创业机会能够解释的变异量程度为 0.555，而未能解释的变异量（即路径残差系数）为 0.667。

从附表 29 中可以发现，创业者素质、创业组织、创业资源对内部经营状况的路径非常显著，创业机会对内部经营状况的路径一般显著，因此不需要对路径进行修正。

由于其他变量之间的路径没有发生变化，以内部经营状况衡量归国留学人员高技术创业绩效所得到的路径（附图 14）不需要进一步修正。

以内部经营状况来衡量创业绩效时，利用路径图对假设进行验证，得到验证的假设如下：

H1a：创业者素质对创业绩效呈正向影响；

H1b：创业者素质对创业机会呈正向影响；

H1c：创业者素质对创业组织呈正向影响；

H1d：创业者素质对创业资源呈正向影响；

H2a：创业机会对创业绩效呈正向影响；

H2b：创业机会对创业组织呈正向影响；

H3a：创业组织对创业绩效呈正向影响；

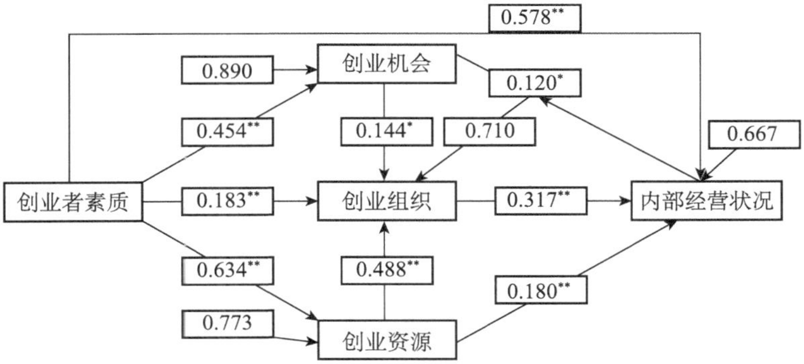

附图 14　内部经营状况的路径图

** 表示在概率水平≤0.01 时，路径非常显著；* 表示在概率水平≤0.05 时，路径一般显著

H4a：创业资源对创业绩效呈正向影响；

H4b：创业资源对创业组织呈正向影响。

4）以员工状况来衡量创业绩效

各变量与员工状况之间的模型拟合程度与路径系数分别如附表 30 和附表 31 所示。

附表 30　模型拟合程度

模式	多元相关系数（*R* 值）	解释量（R^2）	调整后的解释量（Adjusted-R^2）	估计标准误差
1	0.615[a]	0.378	0.367	0.341 13

a 预估因子（自变量）：创业资源、创业机会、创业者素质、创业组织

附表 31　路径系数[a]

	未标准化回归系数		标准化回归系数	*T* 值	显著性
	B	Std. Error	Beta		
常数项	0.933	0.324		2.877	0.004
创业者素质	0.694	0.102	0.496 **	6.814	0.000
创业机会	0.128	0.069	0.117	1.851	0.066
创业组织	0.378	0.080	0.358 **	4.725	0.000
创业资源	0.377	0.090	0.090 **	4.203	0.000

a 因变量：员工状况

** 表示在概率水平≤0.01 时，路径非常显著

从附表 30 中可以发现，决定系数 R^2 为 0.378，即表示在因变量（员工状况）的变异中自变量（创业者素质、创业组织、创业资源和创业机会等四个变量）所能解释的部分。也就是说，创业者素质、创业组织、创业资源和创业机会能够解释的变异量程度为 0.378，而未能解释的变异量（即路径残差系数）

为 0.789。

从附表 31 中可以发现，创业者素质、创业组织、创业资源对员工状况的路径非常显著，创业机会对员工状况的路径不显著，因此需要对路径进行修正。

由于其他变量之间的路径没有发生变化，所以以员工状况来衡量归国留学人员高技术创业绩效所得到的初始路径（附图 15）需要进一步修正。

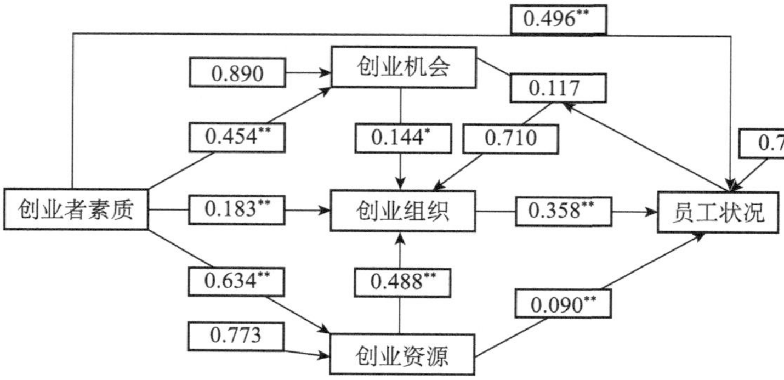

附图 15　员工状况的初始路径图

** 表示在概率水平≤0.01 时，路径非常显著；* 表示在概率水平≤0.05 时，路径一般显著

8. 模型修正

1）以客户状况来衡量创业绩效的路径修正

选择路径显著的变量进行修正，结果显示，创业者素质与归国留学人员创办企业客户状况之间的路径非常显著，创业机会、创业资源与客户状况之间的路径一般显著，修正后的基本情况和路径系数如附表 32 和附表 33 所示。

附表 32　模型拟合程度

模式	多元相关系数（R 值）	解释量（R^2）	调整后的解释量（Adjusted-R^2）	估计标准误差
1	0.717[a]	0.514	0.507	0.290 71

a 预估因子（自变量）：创业组织、创业机会、创业者素质

附表 33　路径系数[a]

	未标准化回归系数		标准化回归系数	T 值	显著性
	B	Std. Error	Beta		
常数项	−0.718	0.276		−2.598	0.010
创业者素质	0.744	0.080	0.550**	9.267	0.000
创业机会	0.135	0.058	0.128*	2.316	0.022
创业组织	0.152	0.061	0.149*	2.499	0.013

a 因变量：客户状况

** 表示在概率水平≤0.01 时，路径非常显著；* 表示在概率水平≤0.05 时，路径一般显著

从附表 32 可以发现，决定系数 R^2 为 0.514，即表示在因变量（客户状况）的变异中自变量（创业组织、创业机会、创业者素质等三个变量）所能解释的部分。也就是说，创业组织、创业机会、创业者素质能够解释的变异量程度为 0.514，而未能解释的变异量（即路径残差系数）为 0.697。

从附表 33 中可以发现，创业者素质对客户状况的路径非常显著，创业机会、创业组织对客户状况的路径一般显著。

修正后的路径图如附图 16 所示。

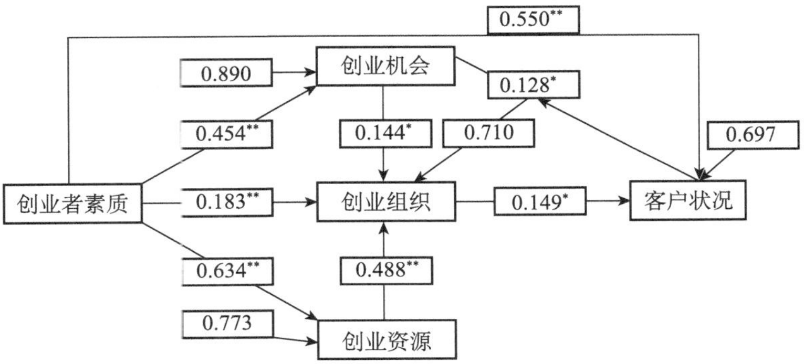

附图 16　修正后的客户状况路径图

** 表示在概率水平≤0.01 时，路径非常显著；* 表示在概率水平≤0.05 时，路径一般显著

以客户状况来衡量创业绩效时，利用修正后的路径图（附图 16）对假设进行验证，得到验证的假设如下：

H1a：创业者素质对创业绩效呈正向影响；

H1b：创业者素质对创业机会呈正向影响；

H1c：创业者素质对创业组织呈正向影响；

H1d：创业者素质对创业资源呈正向影响；

H2a：创业机会对创业绩效呈正向影响；

H2b：创业机会对创业组织呈正向影响；

H3a：创业组织对创业绩效呈正向影响；

H4b：创业资源对创业组织呈正向影响。

没有得到验证的假设如下：

H4a：创业资源对创业绩效呈正向影响。

2）以员工状况来衡量创业绩效的路径修正

选择路径显著的变量进行修正，结果显示，创业机会与归国留学人员创办企业员工状况之间的路径不显著，因此，需要对路径进行二次修正，二次修正后模型拟合程度和路径系数如附表 34 和附表 35 所示。

附表 34　模型拟合程度

模式	多元相关系数（R 值）	解释量（R^2）	调整后的解释量（Adjusted-R^2）	估计标准误差
1	0.568[a]	0.323	0.316	0.354 39

a 预估因子（自变量）：创业组织、创业者素质

附表 35　路径系数[a]

	未标准化回归系数		标准化回归系数	T 值	显著性
	B	Std. Error	Beta		
常数项	1.033	0.332		3.106	0.002
创业者素质	0.562	0.094	0.402 **	5.974	0.000
创业组织	0.248	0.071	0.235 **	3.493	0.001

a 因变量：员工状况

** 表示在概率水平≤0.01 时，路径非常显著

从附表 34 可以发现，决定系数 R^2 为 0.323，即表示在因变量（员工状况）的变异中自变量（创业者素质、创业组织两个变量）所能解释的部分。也就是说，创业者素质、创业组织能够解释的变异量程度为 0.323，而未能解释的变异量（即路径残差系数）为 0.823。

从附表 35 中可以发现，创业者素质、创业组织对员工状况的路径非常显著。

修正后的员工情况路径图如附图 17 所示。

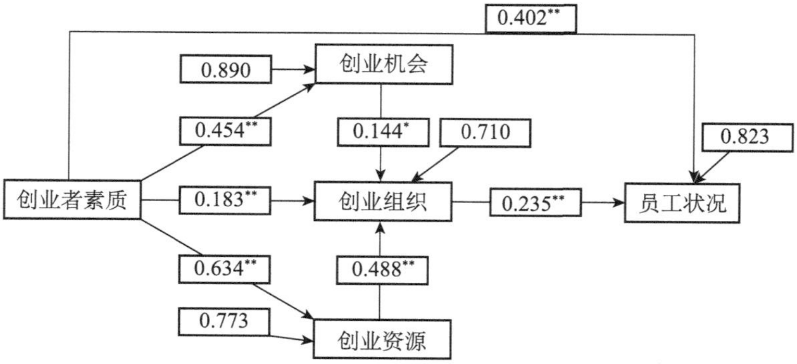

附图 17　修正后的员工状况路径图

** 表示在概率水平≤0.01 时，路径非常显著；* 表示在概率水平≤0.05 时，路径一般显著

以员工状况来衡量创业绩效时，利用修正后的路径图对假设进行验证，得到验证的假设如下：

H1a：创业者素质对创业绩效呈正向影响；

H1b：创业者素质对创业机会呈正向影响；

H1c：创业者素质对创业组织呈正向影响；

H1d：创业者素质对创业资源呈正向影响；

H2b：创业机会对创业组织呈正向影响；

H3a：创业组织对创业绩效呈正向影响；

H4b：创业资源对创业组织呈正向影响。

没有得到验证的假设如下：

H2a：创业机会对创业绩效呈正向影响；

H4a：创业资源对创业绩效呈正向影响。

修正后的归国留学人员高技术创业模型如附图 18 所示。

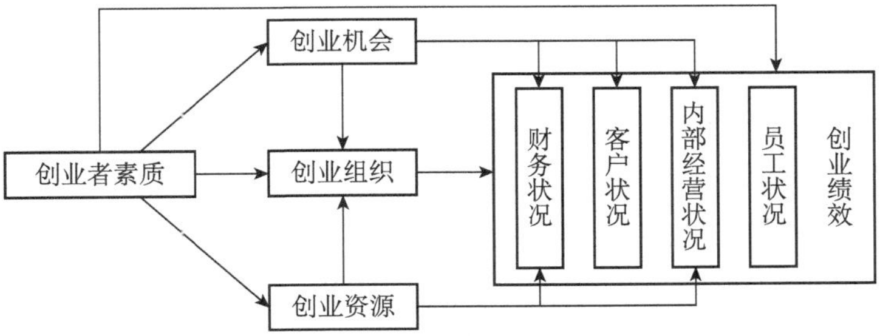

附图 18　修正后的归国留学人员高技术创业模型

四　创业模型解释

结合路径分析的假设验证结果，本研究对归国留学人员高技术创业初始模型进行了修正，并得到了修正后的归国留学人员高技术创业模型（附图 18）。从修正后的归国留学人员高技术创业模型来看，创业者素质、创业机会、创业组织和创业资源都与创业绩效有着正相关关系，并且相互之间亦有影响。

从修正后的归国留学人员高技术创业模型可以看出，创业者素质是创业的根本性因素，不仅直接影响着创业绩效的各个指标，而且还通过创业机会、创业组织和创业资源间接影响创业绩效。其中，创业者素质对创业机会和创业资源的影响较大。这说明，创业者素质越高，对创业机会的发掘能力和把握能力越强，对创业资源的获取能力和利用能力也越强。当然，创业者素质对创业组织也有一定的影响，其思路与决策影响着企业的组织形态与发展模式。可以说，创业者素质对创业绩效有着直接或间接的影响，是决定创业成败的核心因素。

从修正后的归国留学人员高技术创业模型可以看出，创业机会对创业绩效不仅有着直接的影响，而且有着显著的影响。创业机会本身亦受创业者素质影响，创业者素质对创业机会的发掘与把握至关重要。与此同时，创业机会对创业组织也存在一定的影响，不同的创业领域有着不同的产业特征，需要不同的创业组织形态。可以说，创业机会与创业者素质息息相关，并深刻影响着创业绩效，是创业成败的关键所在。

从修正后的归国留学人员高技术创业模型可以看出，创业组织对创业绩效有着直接影响，同时亦受到创业者素质、创业机会和创业资源的影响。其中，创业资源对创业组织有着较大的影响，创业资源越丰富，创业组织形式越趋于高效。另外，创业者素质、创业机会与员工状况相结合也对创业组织有着较大的影响，说明创业的组织形式并非凭空产生，而与创业者本人的偏好、企业的生存发展机会和企业的人力资源状况息息相关，并随着这些因素的变化而变化。可以说，创业组织的形成与变迁受到创业者素质、创业机会和创业资源等多种因素的制约，也受到员工状况等绩效因素的影响，其动态适应性对创业绩效有着直接的影响。

从修正后的归国留学人员高技术创业模型可以看出，创业资源对创业绩效中的财务状况和内部经营状况两大创业绩效指标存在着直接影响，而且创业资源受创业者素质影响最大，与创业者的个性特质、人生经历与能力积累息息相关。与此同时，创业资源对创业组织的影响非常明显。可以说，在其他条件不变的情况下，创业资源越丰厚，创业组织越有效率，创业绩效也更为显著。

需要进一步说明的是，鉴于调查范围的局限性和调查对象的有限性等，上述结论仅为本次调查的统计分析结论。由于归国留学人员高技术创业的多样性和复杂性，归国留学人员高技术创业影响因素与创业绩效的关系还可从多个角度进行分析探讨，这亦是未来创业研究的重要研究方向。

“中国软科学研究丛书”已出版书目

《区域技术标准创新——北京地区实证研究》

《中外合资企业合作冲突防范管理》

《可持续发展中的科技创新——滨海新区实证研究》

《中国汽车产业自主创新战略》

《区域金融可持续发展论——基于制度的视角》

《中国科技力量布局分析与优化》

《促进老龄产业发展的机制和政策》

《政府科技投入与企业 R&D——实证研究与政策选择》

《沿海开放城市信息化带动工业化战略》

《全球化中的技术垄断与技术扩散》

《基因资源知识产权理论》

《跨国公司在华研发——发展、影响及对策研究》

《中国粮食安全发展战略与对策》

《地理信息资源产权研究》

《第四方物流理论与实践》

《西部生态脆弱贫困区优势产业培育》

《中国经济区——经济区空间演化机理及持续发展路径研究》

《研发外包：模式、机理及动态演化》

《中国纺织产业集群的演化理论与实证分析》

《国有森林资源产权制度变迁与改革研究》

《文化创意产业集群发展理论与实践》

《中国失业预警：理论、技术和方法》

《黑龙江省大豆产业发展战略研究》

《中小企业虚拟组织》

《气候变化对中国经济社会可持续发展的影响与应对》

《公共政策的风险评价》

《科技人力资源流动的个体选择与宏观表征》

《大型企业集团创新治理》

《我国小城镇可持续发展研究》

《食品安全法律控制研究》

《中国资源循环利用产业发展研究》

《新兴产业培育与发展研究——以安徽省为例》

《中国矿产地战略储备研究》

《中国经济增长可持续性——基于增长源泉的研究》

《归国留学人员的高技术创业》

《城市能源生态化供应与管理》

《技术对外依存与创新战略》

《高技术服务业创新：模式与案例》

《中外文化创意产业政策研究》